Wilhelm Arent

Violen der Nacht

Ein Liederbuch

Wilhelm Arent

Violen der Nacht
Ein Liederbuch

ISBN/EAN: 9783743416017

Hergestellt in Europa, USA, Kanada, Australien, Japan

Cover: Foto ©Thomas Meinert / pixelio.de

Manufactured and distributed by brebook publishing software (www.brebook.com)

Wilhelm Arent

Violen der Nacht

Herrn
A. von Sommerfeld

in Halle a. S.

dem

Widmer des „Neuen Heils".

Berlin, 21. April 1891.

Violen der Nacht.

(Ein Cyclus.)

> Motto:
> Die Männer aus Genieland schwinden
> Und einsam wird es um den Thron,
> Tiefschwarze Wetterwolken künden
> Die nahende Revolution.
> Wilhelm Arent.

Violen der Nacht.
(Ein Cyclus.)

Motto:
Die Männer aus Genieland schwinden
Und einsam wird es um den Thron,
Tiefschwarze Wetterwolken künden
Die nahende Revolution.

Wilhelm Arent.

Als Prolog.

Bleiche Kön'ge der Trauer
Sind heut Europas Dichter,
Voll kranker, wilder Schauer:
All' die großen — kleinen Lichter!

Nicht **Einer**, dem im Busen
Olympische Freude wohnte
Und den der Kuß der Musen
Mit süßem Frieden lohnte!

Pfingst-Sonntag.

I.

Eine Ruh', ein Frieden liegt auf der Welt,
Ein wundervoll-biblischer Frieden,
Wie wenn der Feind sich dem Feinde gesellt —
Vom Hasse ruhen die Müden!

Ein wundervoll Leuchten liegt auf der Au,
Tausend Herzen freud'ger pochen,
Leis' die Hoffnung tröstet: „O Herz vertrau",
Ob rauh dich die Dornen gestochen!

Blick' fröhlich in die Zukunft hinein!
Glaub'! Ruhm wird dein Sehnen stillen
Und deine Seele wird Sonnenschein
Und das Glück der Liebe füllen . . .

II.

Die Menschen sind wie ein Gott sie schuf
Im Zorn: gebrechliche Sclaven,
Millionen zertritt des Schicksals Huf, —
Doch der Eine erreicht den Hafen!

Der Eine ein stolzer Gott regiert,
Tausende lauschen staunend dem Helden,
Wenn kraftvoll des Geistes Scepter er führt.
Seinen Ruhm die Sterne melden;

Durch Jahrhunderte rauscht seines Namens Klang!
Indeß die Andern verschellen,
Tönt immer wieder des Genius Gesang
Aus des Jahrhunderts Wellen ...

Seine Lieder spiegeln den Kampf der Zeit,
Den Kampf der Geister und Herzen,
Er spricht daraus die Ewigkeit —
Und vieltausend Dichterschmerzen!

Meer und Herz.

O weites Welten-Meer:
Du birgst im tiefen Schlund
Der Hoffnungen weit mehr,
Als tiefster Herzensgrund!

Manch' Schiff, das bunt geschmückt
Stolz aus dem Hafen geht —
Am Riff liegt es zerstückt,
Vom Nordsturm jäh' verweht!..

Zoologischer Garten.

I.

Eine Dame im Kleide der Trauer
Sah ich: ein edles Gesicht
Voll Schmerz und Todesschauer:
Trüb sah der Sonne Licht ...

Welke Blätter über die Mauer
Warf der herbstlich-rauhe Wind,
Papageien kreischten im Bauer,
Wo die Vogelgitter sind ...

Janitscharenmusik aus der Ferne
Hallte mit lockendem Ton —
Vereinzelt gelbliche Sterne
Blinkten wie trüber Hohn ...

II.

Auf ewig verrauschte die Jugend
O Weib dir, der Liebe Glück!
Deines Busens himmlische Tugend —
Nur der Schmerz, der Schmerz blieb zurück!

Wie du, du elendes Weib dort
Kämpf' auch ich unseligen Kampf,
Es trieb mich hinaus, in die Welt fort —
Die Welt heut ist Wollust und Dampf!

Keine Götter und Ideale
Kennt diese schmachvolle Zeit:
Wie Geier vom Leichenmale
Taumeln sie in die Ewigkeit . . .

Zigeuner.

I.

Wo die Wälder schwarz sich färben,
Wo die Castagnetten klappern:
Die Zigeunerinnen werben,
Die Zigeunerinnen plappern!

Geld und Liebe sind Magnete,
Diese mag'schen Zauberworte;
Zieh' dein Beutelchen Poete:
Gold öffne dir Hymens Pforte!

II.

In des Hauptmanns rotem Zelte
Weissagt die Zigeunermutter,
Fräulein Tochter bekommt Schelte
Reicht dem Papagei sie Futter . . .
Eine sechzehnjähr'ge Kleine —
Seid'nes Hemde ohne Futter —
Wundervoll geformte Beine,
Schulter, Nacken glänzt wie Butter
In der Sonne! . . . Milde Bräune
Schmückt die sammetweichen Glieder —
Schnell in einer nahen Scheune
Oeffnet sie das rote Mieder;
Läßt dich das Geheimnis schauen,
Junger, ungezähmter Triebe,
Und du küßt die seidnen Brauen,
Schwelgst in Wollust, schwelgst in Liebe . . . .

Durch Jahrhunderte rauscht seines Namens Klang!
Indeß die Andern verschellen,
Tönt immer wieder des Genius Gesang
Aus des Jahrhunderts Wellen ...

Seine Lieder spiegeln den Kampf der Zeit,
Den Kampf der Geister und Herzen,
Er spricht daraus die Ewigkeit —
Und vieltausend Dichterschmerzen!

Meer und Herz.

O weites Welten-Meer:
Du birgst im tiefen Schlund
Der Hoffnungen weit mehr,
Als tiefster Herzensgrund!

Manch' Schiff, das bunt geschmückt
Stolz aus dem Hafen geht —
Am Riff liegt es zerstückt,
Vom Nordsturm jäh' verweht!...

Zoologischer Garten.

I.

Eine Dame im Kleide der Trauer
Sah ich: ein edles Gesicht
Voll Schmerz und Todesschauer:
Trüb sah der Sonne Licht ...

Welke Blätter über die Mauer
Warf der herbstlich-rauhe Wind,
Papageien kreischten im Bauer,
Wo die Vogelgitter sind ...

Janitscharenmusik aus der Ferne
Hallte mit lockendem Ton —
Vereinzelt gelbliche Sterne
Blinkten wie trüber Hohn ...

II.

Auf ewig verrauschte die Jugend
O Weib dir, der Liebe Glück!
Deines Busens himmlische Tugend —
Nur der Schmerz, der Schmerz blieb zurück!

Wie du, du elendes Weib dort
Kämpf' auch ich unseligen Kampf,
Es trieb mich hinaus, in die Welt fort —
Die Welt heut ist Wollust und Dampf!

Keine Götter und Ideale
Kennt diese schmachvolle Zeit:
Wie Geier vom Leichenmale
Taumeln sie in die Ewigkeit ...

Zigeuner.

I.

Wo die Wälder schwarz sich färben,
Wo die Castagnetten klappern:
Die Zigeunerinnen werben,
Die Zigeunerinnen plappern!

Geld und Liebe sind Magnete,
Diese mag'schen Zauberworte;
Zieh' dein Beutelchen Poete:
Gold öffne dir Hymens Pforte!

II.

In des Hauptmanns rotem Zelte
Weissagt die Zigeunermutter,
Fräulein Tochter bekommt Schelte
Reicht dem Papagei sie Futter ...
Eine sechzehnjähr'ge Kleine —
Seid'nes Hemde ohne Futter —
Wundervoll geformte Beine,
Schulter, Nacken glänzt wie Butter
In der Sonne! ... Milde Bräune
Schmückt die sammetweichen Glieder —
Schnell in einer nahen Scheune
Oeffnet sie das rote Mieder;
Läßt dich das Geheimnis schauen,
Junger, ungezähmter Triebe,
Und du küßt die seidnen Brauen,
Schwelgst in Wollust, schwelgst in Liebe ....

III.

Leidenschaftlich-wilde Katze,
Topp! Maruschka, schlag mir Karten:
Mal' mir schnell des Teufels Fratze,
Die Dämonen, die mich narrten!

Zeige mir die Ungeheuer,
Die mir fürder Fährnis drohen!
Sie, die meinem Herzen theuer,
Mit des Auges Feuerlohen!

Ob ich in der Liebe siege?!
Wo sie weilt, die ich genieße?!
Sei's nach langem, wildem Kriege —
Oder kaum, daß ich sie grüße!

Stimmung.

Sonnenglut auf die schimmernden Blüten
Der Blumen sich zitternd legt,
Bis die Rosen, die purpurumglühten,
Der Nachthauch leis bewegt.

Nacht lebt auch in meinem Herzen,
Das so liebeglühend schlägt,
Und das in viel tausend Schmerzen
Der Dichtung Flamme trägt.

Starkenburg.

Durch Gemäuer alt, verfallen,
Schritt ich hin in Epheunacht,
Durch uralte Klosterhallen,
Hoch von Föhren überdacht...
Sah die Wälle moosbehangen,
Tief zu Füßen grünes Land,
Sah der Wälder schwarze Spangen
In dem bräunlich-gelben Sand;
Zugvögel vorüberschwirrten,
Schwarz der Himmel niederhing,
Bis mich trüber, immer trüber
Dunkler Traum der Nacht umfing...

Spaziergang.

Wo die grüne Waldesschlucht
Zu uralten Riesenbuchen
Führt: — von Epheu überhangen —
Grüßet lausch'ge Felsenbucht! ...
Dorten bin ich jüngst gegangen,
Sah dort blasse Herbstzeitlosen,
Waldesbienen, weiße Falter,
Hörte leis' die Gräser kosen
Mit dem Wind: ein Eichenbaum
Sprach zu mir: sein heil'ges Alter
Gab mir Kunde sel'ger Vorzeit ...

Wunsch.

Von des Herzens Drang getrieben,
Von der Sehnsucht holdem Wahn,
Möcht' ich deine Seele lieben —
Ewig sein ihr Unterthan!

Sommermorgen.

Wenn die Sonne purpurn erwacht
Und den Nachtthau der Wiesen küßt,
Wenn der Himmel zur Erde lacht
Und die Wonne der Wälder grüßt,
Träumt der Dichter den schönsten Traum!

Wie die Lerche sich jauchzend schwingt,
In den duft-weißen Himmelsraum
Jauchzend sein Morgenlied klingt ...

Wie Faust . . . . .

Wie Faust haß' ich diese Erde,
Irr' ich ohne Ruh und Rast,
Trag' mit düstrer Schmerzgeberde
Ich der Sehnsucht Riesenlast.

Wilder Gram die Seele dränget,
Wilde Reue namenlos,
Bis sie weinend, schmerzumenget
Sucht den ew'gen Gnadenschoos.

Mondnacht.

Ein Lorbeerblatt auf einem Schwanenrücken
Fand ich in stiller, grüner Waldesnacht:
O süßer, keuscher Anblick zum Entzücken —
Von einer Meisterhand göttlich erdacht!

Die Wasser küßte traumhaft-tiefes Schweigen,
Kein Hauch lag auf der märchendunklen Flut
Das Mondlicht troff rings von den blüh'nden Zweigen
Färbte den Wald rings mit Rubinenglut.

Schicksal.

Wer seine Heimat muß verlassen,
Die Scholle, die er heiß geliebt,
Dich Heimat nicht mehr darf umfassen,
Die ihm kein Land der Welt mehr giebt:
Durch Nacht und Fährnis muß er irren,
Dort, wo der Strom des Grames fließt,
Wo die Erynnien furchtbar schwirren —
Die Todesblume duftlos sprießt!

Seebild.

Auf blauem Teich ein schwarzer Schwan
Einsam durchkreist die Flut,
Im Sonnenlicht die Wasserbahn
Leis funkelnd, glitzernd ruht;

Im nahen Schloß grüßt vom Altan
Des Epheus dunkles Grün;
Dort flüstert holder Liebeswahn
Und weiße Wolken zieh'n . . .

Zuruf.

Bleiche cardamome-duftende Jüdin,
Die du Mirjams todeslockige Schönheit,
Die nachtschwarzen, wollustfeuchten Augen,

Den stolzen wiegenden Gang
Der Judith hast,
Als sie das Haupt des Holofernes trug:
Laß dich küssen
Von den Jünglingen deines Stammes
Und verschone
Den rotbärtigen Christen,
Der sein nahes Verderben ahnt!..

Mann und Weib.
(Mephisto spricht).

Das Weib ward zum Genuß geschaffen,
Der Mann dem rauhen Krieg der Welt!
Das Weib, wie das Geschlecht der Affen,
Sich buntem Tande gern gesellt!

Das Weib lebt ganz dem Traum der Sinne,
Beim Mann Kön'gin Vernunft regiert:
So wird es Beiden zum Gewinne,
Wenn sie der Liebesgott verführt...

Abenteuer.
I.

Ein stolzer, weißer Elephant
Mit rotbestirntem, grauem Riesenhaupt
Trug meines Herzens schöne Fürstin hin zum Nil,
Zum heil'gen Nil...
Unter duftenden Rosenbüschen
Wo sich Jasmin und Veilchen mischen
Im Hauche üppiger Palmenpracht
Genoß ich mit ihr die köstliche Nacht...
Atmend der Tropen Sternengewimmel
Fand ich auf Erden der Wollust Himmel!
Alle Wohlgerüche Arabiens,
Schiras silberne Springfontänen,
Ein Heer von weißen Lohengrinschwänen
Trug mich sanft zum Sitze der Götter...

II.

Wie süß duftete
Der Afrika-Königin
Herrlich-broncener Leib!
Trug je die Erde
Ein solches Weib?!
In ihren Armen
Stirbt wie Traum hin
Zeit und Welt,
Jedes hohe Sehnen
Unter'm Sternenzelt!
Ganz Gefühl
Hinschmilzt die Seele
In ihrem Odem
Und nur Genuß
Heischen die Sinne —
Nach Wollust ohne Ende
Schreit wild das heiße Herz!...

An der Riviera.

Wo — wie Sträucher des Paradieses —
Afrikas schlanke Palmen blühen,
Sammetdunkle Rosenbüsche glühen:
Winken der Wollust Lauben,
Ladet zum seligsten Genusse
Des Südens Traum!
Sanft bettest du dich,
Wo der Kreidefelsen
Weißliche Klippen
Schroff hinausragen
Ins unendliche Meer,
Wo die Adler horsten
Ueber dem blühenden Garten der Ebene...

Stimmung.

Die Sonne leuchtet,
Die Bäume grünen —
Rings glitzern die Wasser —
Von Zeit zu Zeit
Fliegt durch den Duft des Abendhimmels
Feiner, zarter Blütenstaub auf

Von den Kelchen der Blumen . . .
Fern tönt Geschrei
Und wildes Gelächter — —
Doch wir, wir ruhen
Auf seliger Insel!
Wenige Stunden
Brachten die Herzen
Einander nahe,
Die so lange
Nimmer sich fanden!
Warm schlagen die Pulse
In göttlicher Sehnsucht,
Lippe findet die Lippe —
Nur die Wolken sehen
Die süßen Wonnen
Unsrer jungen Liebe!

Hedwig.

Könnt' ich ein Königreich verschenken —
Ich thät's, daß du mein Sehnen stillst,
Weil du, o Weib, mein ganzes Denken
Und meine ganze Seele füllst!

So häng' in wilden Qualminuten
Ich stumm an deiner Schönheit Pracht!
O lösche diese heißen Gluten! —
Sternduftend steigt herauf die Nacht! . . .

Lenzes Anfang.

Das Erdreich duftet,
Es blühen die Bäume,
Der Frühling naht —
Und mit ihm Lieb' und Liebesträume . . .

Die Nachtigallen
Jubelnd singen,
Wo Herzen schlagen,
Die Töne wiederklingen . . .

Nur Liebe leuchtet
Vom Himmelszelt
Auf die glückliche,
Selige Welt!

Bild.

Durch Cypressen
Und Taxushecken
Säuselte der Hauch der Nacht — — —
Auf weißer Marmorbank
Lag sie im Mondenlicht:
Eine bleiche Blume — — — — — —
Fieb'risch glänzten
Ihre dunklen Augen —
Sie sucht das Glück!...

Im Hochgebirge.

I.

Wer kann je von sich sagen
Er stünde allein
Ohne Gott, dem er lebt!
Ohne Ideal, dem er strebt!
Ohne Wahn, der ihn triebe!
Ohne Neid und Haß —
Ohne einen Funken göttlicher Liebe?!
Wer kann je sagen
Ich bin frei?!
Frei von Lüge und Haß,
Von Zwietracht und Verrat?!
Ohne Neid und Ehrgeiz —
Ohne Wollust?! —
Wer kann je sagen
Ich bin ohne Liebe?! — —

II.

Rings die süße Stille,
Der holde Zauber
Stiller, mondklarer Winternacht...
Kein Laut, kein Licht
Grüßt durch das Dunkel,
Stumm ragen die Linien der Alpen
In's bewaldete Flußthal...
Da plötzlich flutet die Fülle des Lichts,
Rinnt des Silbers
Sanfter, lichter, keuscher Glanz
Und zeichnet die Hütten stumm im Schneegewand...
Durch den einsamen Tann
Schreitet der Wanderer
Hinauf zur felsichten Höhe
Des Gebirgskammes,
Dort, wo nur der heisre Lämmergeier krächzt
Und das Glöcklein der Carmeliter
Wie dumpfer Sterberuf
Durch die düstere Stille zittert — — —

Tod droht der Abgrund,
Der jäh sich hinabsenkt
In unermeßliche Tiefen . . .

Leise ächzend
Knarren die schneebelasteten Fichten
Dem Pilger zu Häupten,
Laut knirscht sein Fuß
Auf dem hartgefrorenen Schnee
Wie Wehlaut
Aus Menschenbrust . . .
Unendliche Stille
Gebietet dem Rhytmus der Zeit —
Den Schmerzen
Der wimmernden Creatur!

III.

Nacht ward es
Ueber der riesigen Fläche;
Leiser rauschen die Bäche,
Dunkel lagert
Gespenstisch über den braunen Matten,
Wolkenschatten
Fliegen über das dunkle Gebirg
Ueber die wilddüstre, rauhe Einsamkeit
Der erhabenen Oede . . . .
Da horch! — plötzlich! —
Welche weichen Klänge!
Welche Frühlingsfänge!
Wollüstige Stimmen
Wispern und flüstern im Wind
Von verscholl'ner Lüfte Traum,
Märchenhaften Frauenleibern,
Süßen Mondscheinnächten,
Glühendem Bacchanal der Sinne!
Und die Seele neigt sich
Den holden Gewalten —
Willig folgt sie
Dem lockenden Lächeln
Der Venusknaben . . .

IV.

In Gold und Purpur
Verschwimmt der violette Himmel
Und färbt die öde Haide

Mit brennendem Rot...
Immer lichter und reiner
Wölbt sich der blaugraue Himmel
Zum Tempel der Andacht...
Im Abendwind wogen
Die schwanken Halme
Dürrer Gräser,
Die Häupter verdorrter Ginsterbüsche...
Also vergoldet
Mit sonnigem Schimmer
Locken zum purpurnen Grunde
Die dunklen Tiefen des Lebens,
Die Brust trinkt den Odem
Der Weltenseele:
Heiliges Leben!

V.

Der Wildbach rast;
Von Klippe zu Klippe
Träuft der schäumende Gischt...
Ueber blühende Wiesen,
Ueber Bergeshänge
Zum Dörflein drunten im Thal
Wallen die Wasser
Mit Sturmeseile
Und tragen Vernichtung
In die ärmste Hütte...
So schlägt das Schicksal
Das Zwerggeschlecht der Menschen
Mit eherner Faust...

VI.

Schroff umragen
Die steilen Eiswände
Der Gletscher
Die Gebirgshütten
Weltfremder Pilger...
Schweigend türmen sich
Die Riesen-Schneehäupter
Der Hochalpen
Auf zu unendlicher Kette...
Doch kein Tier, noch Menschenantlitz
Labt das lebensuchende Auge,

Tod droht der Abgrund,
Der jäh sich hinabsenkt
In unermeßliche Tiefen . . .

Leise ächzend
Knarren die schneebelasteten Fichten
Dem Pilger zu Häupten,
Laut knirscht sein Fuß
Auf dem hartgefrorenen Schnee
Wie Wehlaut
Aus Menschenbrust . . .
Unendliche Stille
Gebietet dem Rhytmus der Zeit —
Den Schmerzen
Der wimmernden Creatur!

III.

Nacht ward es
Ueber der riesigen Fläche;
Leiser rauschen die Bäche,
Dunkel lagert
Gespenstisch über den braunen Matten,
Wolkenschatten
Fliegen über das dunkle Gebirg
Ueber die wildbüstre, rauhe Einsamkeit
Der erhabenen Oede . . . .
Da horch! — plötzlich! —
Welche weichen Klänge!
Welche Frühlingssänge!
Wollüstige Stimmen
Wispern und flüstern im Wind
Von verscholl'ner Lüste Traum,
Märchenhaften Frauenleibern,
Süßen Mondscheinnächten,
Glühendem Bacchanal der Sinne!
Und die Seele neigt sich
Den holden Gewalten —
Willig folgt sie
Dem lockenden Lächeln
Der Venusknaben . . .

IV.

In Gold und Purpur
Verschwimmt der violette Himmel
Und färbt die öde Haide

Mit brennendem Rot...
Immer lichter und reiner
Wölbt sich der blaugraue Himmel
Zum Tempel der Andacht...
Im Abendwind wogen
Die schwanken Halme
Dürrer Gräser,
Die Häupter verdorrter Ginsterbüsche...
Also vergoldet
Mit sonnigem Schimmer
Locken zum purpurnen Grunde
Die dunklen Tiefen des Lebens,
Die Brust trinkt den Odem
Der Weltenseele:
Heiliges Leben!

V.

Der Wildbach rast;
Von Klippe zu Klippe
Träuft der schäumende Gischt...
Ueber blühende Wiesen,
Ueber Bergeshänge
Zum Dörflein drunten im Thal
Wallen die Wasser
Mit Sturmeseile
Und tragen Vernichtung
In die ärmste Hütte...
So schlägt das Schicksal
Das Zwerggeschlecht der Menschen
Mit eherner Faust...

VI.

Schroff umragen
Die steilen Eiswände
Der Gletscher
Die Gebirgshütten
Weltfremder Pilger...
Schweigend türmen sich
Die Riesen-Schneehäupter
Der Hochalpen
Auf zu unendlicher Kette...
Doch kein Tier, noch Menschenantlitz
Labt das lebensuchende Auge,

Kein Laut ertönt rings —
Süße Wonne dem Ohr! — ..
Nur starre Oede,
Zitternde Stille,
Der Odem der Unendlichkeit,
Der bange Puls
Des lautklopfenden Herzens —
Der bitt're Schmerz
Der vereinsamten Creatur!

Stimmungen.

I.

> Motto:
> Wer sich der Dichtkunst ergeben
> Dornen nur beut ihm das Leben —
> Doch Rosen beut es nicht!
> Alfred Both.

Shakespeare.

I.

Welch' üpp'ger, überschwell'nder Garten
Voll wundervoller Poesie!
Schier unerschöpflich ist der Reichtum
Von Shakespeares hoher Phantasie:
Wenn sie geschäftig Fäden spinnt,
Zu ungezählter Welten Duft,
Zu tausend Sonnen kühn uns ruft —
Dort, wo ewig ohn' Wandel kreisen
Des Himmels hehre Lichtgestirne!...

II.

Welch' stolzes Ruh'n in Shakespeares Geist!
Der Sturmhauch echter Leidenschaft
Packt jeden Nerv und zerrt an ihm...
Der kranken Seele Schmerz gesundet
Die sich im Dufte der „Moderne"
In tiefer Düsterniß — im Nebel
Des grau'sten Weltelends verlor...

I.

Wer heute nach den Dornenkränzen
Der Dichtung seine Hände streckt:
Der muß stark wie ein Halbgott sein!
Ein Ries' an Körper und an Geist,
Der — ein zweiter Kolumbus — weist
Die Pfade einer neuen Welt —
Eh' ruhmlos sein Fahrzeug zerschellt!
Der muß ein hehrer Priester sein
Voll höchster Herzenseinsamkeit,
Voll tiefen, reinen Bildnersinns,
Ein kühner Bannerträger sein
Der stolz der Freiheit Fahne hebt,
Der Erste in der Schlacht der Geister!
Der muß hündisch zu darben wissen,
Sich nähren auch vom ärmsten Bissen,

Shakespeare.

I.

Welch' üpp'ger, überschwell'nder Garten
Voll wundervoller Poesie!
Schier unerschöpflich ist der Reichtum
Von Shakespeares hoher Phantasie:
Wenn sie geschäftig Fäden spinnt,
Zu ungezählter Welten Duft,
Zu tausend Sonnen kühn uns ruft —
Dort, wo ewig ohn' Wandel kreisen
Des Himmels hehre Lichtgestirne! . . .

II.

Welch' stolzes Ruh'n in Shakespeares Geist!
Der Sturmhauch echter Leidenschaft
Packt jeden Nerv und zerrt an ihm . . .
Der kranken Seele Schmerz gesundet
Die sich im Dufte der „Moderne"
In tiefer Düsterniß — im Nebel
Des grau'sten Weltelends verlor . . .

I.

Wer heute nach den Dornenkränzen
Der Dichtung seine Hände streckt:
Der muß stark wie ein Halbgott sein!
Ein Ries' an Körper und an Geist,
Der — ein zweiter Kolumbus — weist
Die Pfade einer neuen Welt —
Eh' ruhmlos sein Fahrzeug zerschellt!
Der muß ein hehrer Priester sein
Voll höchster Herzenseinsamkeit,
Voll tiefen, reinen Bildnersinns,
Ein kühner Bannerträger sein
Der stolz der Freiheit Fahne hebt,
Der Erste in der Schlacht der Geister!
Der muß hündisch zu darben wissen,
Sich nähren auch vom ärmsten Bissen,

Shakespeare.

I.

Welch' üpp'ger, überschwell'nder Garten
Voll wundervoller Poesie!
Schier unerschöpflich ist der Reichtum
Von Shakespeares hoher Phantasie:
Wenn sie geschäftig Fäden spinnt,
Zu ungezählter Welten Duft,
Zu tausend Sonnen kühn uns ruft —
Dort, wo ewig ohn' Wandel kreisen
Des Himmels hehre Lichtgestirne! ...

II.

Welch' stolzes Ruh'n in Shakespeares Geist!
Der Sturmhauch echter Leidenschaft
Packt jeden Nerv und zerrt an ihm ...
Der kranken Seele Schmerz gesundet
Die sich im Dufte der „Moderne"
In tiefer Düsterniß — im Nebel
Des grau'sten Weltelends verlor ...

I.

Wer heute nach den Dornenkränzen
Der Dichtung seine Hände streckt:
Der muß stark wie ein Halbgott sein!
Ein Ries' an Körper und an Geist,
Der — ein zweiter Kolumbus — weist
Die Pfade einer neuen Welt —
Eh' ruhmlos sein Fahrzeug zerschellt!
Der muß ein hehrer Priester sein
Voll höchster Herzenseinsamkeit,
Voll tiefen, reinen Bildnersinns,
Ein kühner Bannerträger sein
Der stolz der Freiheit Fahne hebt,
Der Erste in der Schlacht der Geister!
Der muß hündisch zu darben wissen,
Sich nähren auch vom ärmsten Bissen,

Doch der Begeist'rung Aurisflamme
Zu immer neuer Glut entfachen:
Kain's ewigglühender Lampe gleich!
Der muß ruhig zu sterben wissen
Auch wenn ihm erst jenseits des Grabes
Des Ruhmes später Lorbeer wird,
Der ihn als lichte Krone schmückt,
Die man dem Lebenden verweigert!
Der muß ein Mensch wie Alle sein
Und besser, edler doch als Alle!
Des Lebens schaudervolle Tiefen
Wie einen Blütentraum durchwandern,
Der auf zu lichten Höhen führt
Und immer helfen noch dem Andern
Voll göttlicher Barmherzigkeit!
Der muß stets in der **Andern** Leiden
Vergessen seine **eignen** Schmerzen,
Das Vorbild aller großen Herzen
Des Glückes Morgenröte sein —
Der muß stark wie ein Halbgott sein!

II.

Das Pharisäerthum der Menge
Das ist des Künstlers größte Qual!
Was gilt ihm der papier'ne Lohn,
Den ihm der Zeitungsschreiber spendet?!
Er will, daß ihm das Publikum —
Wenn Aug' in Aug' er seiner Seele
Geheime Tiefen ihm enthüllt,
Sein Herzblut giebt — ihm jubelnd zujauchzt,
Aus **freiem** Antrieb, von dem Gluthauch
Der Dichtung bis in's Mark getroffen..
Doch Beifall zollt ihm nur die Claque,
Erkaufte Freundschaft — und der Neid
Legt ihm die Schlingen!...
Doch schlaff, begeistrungslos und stumpf
Regt kaum die Menge heut die Hände,
Und halb im Traum — ein großes Kind
Das sich an buntem Tand ergötzt —
Sieht sie dem Spiel der Bühne zu! — —
Gedankenlos in geist'ger Trägheit....
So ohne Rettung tiefgesunken
Ist größter Blödsinn ihr willkommen
Am meisten auch!... Der hehre Priester
Der wahren Kunst steht einsam!

Verständnislos geht heute stumpf vorüber
Er an der ellen Trägheit blöder Massen....
Die strenge Schönheit der Antike
Und der Romantik farbenbunte
Tiefgoldne Ritterherrlichkeit,
Was gelten sie der Menge heute noch?
Nur nüchtern-platte Alltagsnot
Langweilt die Leute nicht zu Tod!
Schmach d'rum euch goldesgier'gen Künstlern,
Die ihr im Schweiß des Angesichts
Mit stoischem Mut den Affen macht
Beim lieben, dummen Publicum,
Indes mit bitt'rem Schmerz kaum Einer
Des toten Ideals gedenkt!..
O könnt' Satan euch Heuchlerpack
Die Larve reißen vom Gesicht!
Gold hat euch Alle gleich im Sack,
Wenn demütig der Beutel spricht
Und eine Hand die and're wäscht ...
Doch wer sein eigenes Verdienst
Männlich-kühn in die Wagschaal' wirft,
Bleibt einsam bis zur letzten Stunde!
Heut ist auch in der Kunst alles
Nur Sache der Gevatterschaft,
Kunst ist Geschäft; die geist'ge Kraft
Talent und Fleiß sind Nebensache!
Ein jeder will sich auf der Bühn'
In großen Heldenstiefeln seh'n,
Als Hamlet, Wallenstein sich bläh'n,
Hat er auch kaum erst geh'n und steh'n
Bei einer Balleteus' gelernt,
Reicht höchstens auch sein Gran Talent
Zu einem „Pferde sind gesattelt!" — — —
So weit vom Ziel der Kunst entfernt
Hat heut der Künstler längst verlernt
Die schuld'ge Achtung vor der Kunst!
Poeten sind heut Hurenmeister,
Nur sehen, seh'n mit hundert Augen
Das ist des Publicums Parole!
Sein Gott sind nur die „Herrn vom Kleister"
Die wie der Herrgott Sterne machen,
Die wie Kometen dann verkrachen!

III.

Wer des Genusses Blüte brach
Zum ersten Mal in eines Weibes Schooß
So düsteselig, frühlingswarm
So überschwänglich-wonnevoll, —
Wer dieser Wonnen Paradies
Zum ersten Male hold genoß:
Dem scheint nach dieser Nacht der Morgen
In andern Welten aufzublüh'n!
Der Himmel grüßt so tief, tiefblau,
Lenzschön, wie Paradiesesau,
So düstereich, so frühlingslau,
Sanftkosend, wonneselig pulst
Um Wang' und Mund, um's blasse Haupt
So warm und weich der Farbenton
Der tausend Dinge, die der Tag
In buntem Spiele bringt und nimmt! ...
Oft ist's, als ob Erinnerung
Das Uebermaaß der Seeligkeit
Die satte, süßgenoss'ne Lust
Den vollen Busen sprengen möchte!
Dem ersten Besten möcht'st du dann
Wildjubelnd um den Hals dich schlingen
Ihm Kunde dieser Liebe bringen
Und wenn die Vögel zwitschernd singen,
Dann treten Thränen Dir ins Auge,
Daß „Sie" so fern der Wonne Quell ...
O Stern der Liebe märchenhell
Strahlst Du über die ganze Welt! — — —
Von neuen Mächten träumt berauscht
Die Phantasie, noch schöneren:
Von weißer, hochstrebender Brüste
Himmlischem Druck und Frühlingsodem, —
Von warmer, sammetweicher Arme
Umarmung, schwellenden Kußlippen
Hinsterbend in der Wollust Traum —
Von Liebe, Liebe ohne Ende —
Von Liebe, dieser Himmelsspende
Die Menschen ganz zu Göttern macht!

IV.

O Weib, laß stumm mich in die Knie sinken
Und deiner Glieder holden Dufthauch trinken!
Wie Blüten deine weißen Brüste winken! ...
Tiefrot über der Bäume grüne Wipfel

Die Sonne unsres Glückes leuchtend aufgeht!
Fern schimmern blau im Duft der Berge Gipfel,
Wie atmet's sich so rein, so federleicht
In diesem lieblich-grünen Waldidyll!
Sanftschmeichelnd um die Wangen streicht
Die linde Gottesluft . . . O Lieb,
Laß uns vergessen hier, laß hier
Uns beten zu den lichten Göttern,
Die sanft in unserm Busen wohnen!
Was geht die schaale Welt uns an!
Hier, wo die wahre Freiheit thront:
Hier lebt des Herzens schönes Recht
In schwärmerischen Rhytmen sich
So seelig-überschäumend aus,
Daß jeder unreine Gedanke,
Den sünd'ge Leidenschaft eingiebt,
Verstummen muß vor dieser
Tief-feierlichen Stille, —
In der die Böglein Zwiesprach halten,
Am Himmel hoch die Wolken zieh'n,
Wie Traum des Tages Stunden flieh'n! . . .
Hier laß uns wie die Kinder spielen
Und zwischen Epheu, Moos und Farren
Uns lagern auf das weiche Bett
Des Waldes welke Blütenhülle,
Des Herbstes melancholisch Grab,
Darin viel hundert junge Keime schlafen:
Die Zukunft einer neuen Welt . . .
Und wie der Gräser Knospen hier
Das Haupt aus Tod, Vernichtung heben:
So laß uns freud'ger Hoffnung Glut
Nähren in bangen Herzenstiefen,
Daß in des Daseins herber Not
Wir siegen über Nacht und Tod! — —
Wie schön! sich immer weiter von
Dem Lärm, dem tollen, aus der Stadt
In tiefe Waldesnacht zu flüchten!
Hier rauschen leise Kosestimmen
Der Winde wonn'ge Melodien,
Träumrisch die Kronen stolzer Fichten
Der Sonne Purpur-Licht umfließt . . .
In holden Schauern bebt die Brust
Der irb'schen Fehle kaum bewußt! . . .
O, daß die Seele Flügel hätte
Sich in den blauen Raum zu schwingen!
In fernste Weltallstiefen dringen

III.

Wer des Genusses Blüte brach
Zum ersten Mal in eines Weibes Schooß
So düstesselig, frühlingswarm
So überschwänglich-wonnevoll, —
Wer dieser Wonnen Paradies
Zum ersten Male hold genoß:
Dem scheint nach dieser Nacht der Morgen
In andern Welten aufzublüh'n!
Der Himmel grüßt so tief, tiefblau,
Lenzschön, wie Paradiesesau,
So düstereich, so frühlingslau,
Sanftkosend, wonneselig pulst
Um Wang' und Mund, um's blasse Haupt
So warm und weich der Farbenton
Der tausend Dinge, die der Tag
In buntem Spiele bringt und nimmt! . . .
Oft ist's, als ob Erinnerung
Das Uebermaaß der Seeligkeit
Die satte, süßgenoss'ne Lust
Den vollen Busen sprengen möchte!
Dem ersten Besten möcht'st du dann
Wildjubelnd um den Hals dich schlingen
Ihm Kunde dieser Liebe bringen
Und wenn die Vögel zwitschernd singen,
Dann treten Thränen Dir ins Auge,
Daß „Sie" so fern der Wonne Quell . . .
O Stern der Liebe märchenhell
Strahlst Du über die ganze Welt! — — —
Von neuen Mächten träumt berauscht
Die Phantasie, noch schöneren:
Von weißer, hochstrebender Brüste
Himmlischem Druck und Frühlingsodem, —
Von warmer, sammetweicher Arme
Umarmung, schwellenden Kußlippen
Hinsterbend in der Wollust Traum —
Von Liebe, Liebe ohne Ende —
Von Liebe, dieser Himmelsspende
Die Menschen ganz zu Göttern macht!

IV.

O Weib, laß stumm mich in die Knie sinken
Und deiner Glieder holden Dufthauch trinken!
Wie Blüten deine weißen Brüste winken! . . .
Tiefrot über der Bäume grüne Wipfel

Die Sonne unsres Glückes leuchtend aufgeht!
Fern schimmern blau im Duft der Berge Gipfel,
Wie atmet's sich so rein, so federleicht
In diesem lieblich=grünen Waldidyll!
Sanftschmeichelnd um die Wangen streicht
Die linde Gottesluft ... O Lieb,
Laß uns vergessen hier, laß hier
Uns beten zu den lichten Göttern,
Die sanft in unserm Busen wohnen!
Was geht die schaale Welt uns an!
Hier, wo die wahre Freiheit thront:
Hier lebt des Herzens schönes Recht
In schwärmerischen Rhytmen sich
So seelig=überschäumend aus,
Daß jeder unreine Gedanke,
Den sünd'ge Leidenschaft eingiebt,
Verstummen muß vor dieser
Tief=feierlichen Stille, —
In der die Böglein Zwiesprach halten,
Am Himmel hoch die Wolken zieh'n,
Wie Traum des Tages Stunden flieh'n! ...
Hier laß uns wie die Kinder spielen
Und zwischen Epheu, Moos und Farren
Uns lagern auf das weiche Bett
Des Waldes welke Blütenhülle,
Des Herbstes melancholisch Grab,
Darin viel hundert junge Keime schlafen:
Die Zukunft einer neuen Welt ...
Und wie der Gräser Knospen hier
Das Haupt aus Tod, Vernichtung heben:
So laß uns freud'ger Hoffnung Glut
Nähren in bangen Herzenstiefen,
Daß in des Daseins herber Not
Wir siegen über Nacht und Tod! — —
Wie schön! sich immer weiter von
Dem Lärm, dem tollen, aus der Stadt
In tiefe Waldesnacht zu flüchten!
Hier rauschen leise Rosestimmen
Der Winde wonn'ge Melodien,
Träumrisch die Kronen stolzer Fichten
Der Sonne Purpur=Licht umfließt ...
In holden Schauern bebt die Brust
Der ird'schen Fehle kaum bewußt! ...
O, daß die Seele Flügel hätte
Sich in den blauen Raum zu schwingen!
In fernste Weltallstiefen dringen

Ueber Länder und Meere schweben
Möchte sie! Immer weiter heben
Sich bis zu fernstem Küstensaum
In wundervollem Freiheitstraum!
So an die Scholle festgebannt
Kehrt unsre Seele süßdurchlobert
Von all' dem Reichtum still zurück
In ihre enge, kleine Hütte . . .
Vor dieser trunknen Freudenfülle
Verstummt der schwache Menschenmund
Und jeder Glückslaut des Entzückens
Stirbt in der ew'gen Allmacht Schooß.

V.

Wie leicht ein Weib zu Fall zu bringen,
Das hinfällig wie weiches Wachs
Nur folgt dem Triebe der Natur,
Um schrankenlos sich hinzugeben
Dem Manne, der besitzen will! . . . . .
Dem Dümmsten kann es leicht gelingen,
Wenn mit dem Dunst der Schmeichelei
Des Weibes Hirn er sanft bethört!
Gar bald ihm alles dann gehört . . .
Denn jede Lust wird dem gewährt,
Der kühn erobert, Leidenschaft
Erheuchelt, um nach wilder Lust,
Stürmisch-genoss'nem Taumelglück
Die läpp'sche Maske abzuwerfen! —
Geist, Witz und jede holde Gabe,
Mit der Natur ein edles Herz
So überreich oft überhäuft:
Sie gelten nichts — und einzig spricht
Allmächtig-sieghaft das Gefühl
Der Brunst, das sie in Männerarme treibt! —
Nur Leidenschaft gewinnt den Leib
Heut — echter Liebe sind sie kalt!

Wir Alle . . . .

Wir alle sind nur blinde Opfer
Der Sinne, uns'rer Tierinstinkte!
Ohn' End getäuscht von der Natur,
Die uns, o schnödes Gaukelspiel,
Durch Blütenau'n ins Elend hetzt! . . .

Wenn uns Erkenntnis eisern packt
Mit gräßlichster Enttäuschung Pein:
Was hilft das nutzlos-kind'sche Jammern!
Zu spät seh'n wir den Irrtum ein
Und die verbrarnten Flügel nehmen
Nie mehr den Flug zum Himmelsthor. . . .

Timon Redivivus.

Jäh schloß sich seines Glückes Ring . . .
Bettelnd er zu den „Freunden" ging —
Doch kaum ein Stückchen hartes Brot,
Ein Suppenrest letzt ihm die Lippe,
Stillt ihm des Hungers bitt're Not! . . .
Und die so oft im tollen Rausch
Bei Austern, Weibern und Champagner
Genossen war'n ihm halbe Nächte,
Sie kennen den Verarmten nicht!
Doch d e r denkt schmerzlich jener Stimmen,
Wenn er im fahlem Morgengrauen
Mit letztem, trunkenem Zecher ließ
Sündiger Wonnen Paradies! . . .
Wie da die Welt gespenstig grüßte! —
So trübe ist auch heut sein Mut
Wie einem, der auf Meereswellen
Nicht Rettung mehr nur Tod erhofft,
Am nächsten Felsen möcht' zerschellen —
Die matten Glieder — dieses Haupt,
Das thöricht Treu' und Lieb' geglaubt!

Die „moderne" Welt.

Die wilde Glut von Neuem schüren
Sie, tausend Flammenbrände rauchen,
Hohnlächelnd sie im Dunkel irren:
Verlor'ne Kinder dieser Zeit! . . .
Wer: sieht er solch' Bild der Verwirrung
Voll Haß und Neid, voll eklen Schwahns
Möcht' mit dem heit'ren Narr'n nicht tauschen,
Der nur im Weinglas diese Welt
Vollkommen findet, lebenswert?!
Ein Jeder malt das Glück sich anders!
Doch diese launisch-geile Dirn'

Hurt nur mit Jedem kurze Zeit.
Stets anderes Quartier sie sucht...
Und ob das Menschlein wettert, flucht,
Das arme Zwerglein: 's hilft ihm nichts!
Die Seel' wird siech, wird hoffensmatt,
Wenn gall'gen Mißmuts Wechselbalg
Vertauscht ward mit dem Prinz Humor...

Oft...

Oft wahnsinniger Durst nach Glück,
Unseliger Zerstörung Drang
Verzweiflung übermannt den Künstler
Und jäh zerbricht das Götzenbild
Die Wahrheit seiner lichten Träume
Wie Klippen, die der Brandung Schaum
Umtost!.. Den gift'gen Todeskeim
Den sichern, birgt die müde Brust!
Des düstern Ziel's sich wohl bewußt
Der Schönheit Blüte hingemordet
Hinstirbt in dunkle Todesnacht,
Von uferloser Nacht umbordet...

III.

Gestern voll holder Daseinswonne
Umwogt von Rausch und Farbenduft
Sinkt heut die stolze Lebenssonne
Im Nebel hin; in Todesgruft,
In dunkele, hinab sie taucht:
Als wollte niemals, niemals wieder
Der Erde sie ihr Antlitz zeigen!..

Das Leben.
(Am Charfreitag niedergeschrieben.)

Jeder Tag bringt neue Plage,
Jeder Tag bringt neues Leid,
Bis am Ende aller Tage
Stumm starrt die Unendlichkeit...

Und des Daseins Rätselfrage
In dem bangen Traum der Zeit
Mit dem nächsten Glockenschlage
Taucht sie in die Ewigkeit!

Tod ist alles Wissens Krone,
Sterben ist der höchste Sieg
Und du stehst am Sonnenthrone
Ew'gen Lichts nach rauhem Krieg!

Der Dichter.

Wer kennt des stolzen Geistes Marter,
Der sich in Einsamkeit verzehrt
Indeß er kühne Riesenpläne
In seinem glühn'dem Hirne wälzt?!
Wer sucht ihn auf, der bleich und wirr
Ein Träumer durch die Gassen schleicht,
Freiwillig lebt in Selbstverbannung?!
Ihn, dessen Lieder Flammen sprüh'n,
In dem des Genius Melodien
In wundersamen Stimmen tönen?!
Ihn, dem die hehre Welt des Schönen
Ein offnes Buch, ein herrlich Eden,
In dem er immer wieder liest —
Das er zur holden Braut erkiest! ...
Stolz pilgert er zum Weltenthron
Ein Fährmann an der Zeiten Strom,
Der in Frühlingsgefilde führt,
Die ungezählte Ewigkeiten
Ein zaubrisch-süßer Duft umfließt. — —
Dort dann der Sehnsucht Blume sprießt
Nach der das Herz umsonst hier schmachtet,
Hier, wo nur ew'ge Hölle nachtet. ...

"Leben ein Traum."

Bunte Träume
Voll Lust und Schmerz
Beut das Leben;
Hieroglyphen
Aus dem Buche des Schicksals!
Bunt in einander
Weben die Parzen,
Die neidischen
Die Fäden der Zukunft ...

Wohl dem,
Der ein Weib findet,
Das ihn versteht!
In dessen Schooß
Er vergißt seine Schmach!
Doch, weh' dem Unseligen,
Der ewig zweifelnd
Taumelt von Genuß zu Genuß,
Dem kein Port
Des Friedens sich öffnet,
Weil er sich selbst
Nicht zähmen kann!...

Der Poet.

Was Natur dem Kinde
Liebreich in die Wiege gab:
Die Sehnsucht
Gebiert den Dichter,
Schafft Welten in seinem Innern...
Freudig lauscht das Dichter-Ohr
Den tiefverborg'nen
Geheimnisvollen Quellen alles Lebens,
Den Stimmen des Alls,
Die im leisen Duft
Der Mondnacht raunen...
In tausend Farben und Düften
Schwelgen die trunkenen Sinne —
Selig grüßt das Auge
Millionen Welten! — — —

Heroenkultus.
(an Dr. Max Halbe).

Mit erglühenden Wangen
Wie oft las ich
Was Helden der Idee gethan!
Ueber mich kam es
Wie Fieberrausch,
Jäh packte es mein Innerstes:
Sah ich die Märtyrer des Gedankens bluten,
Auf brennendem Rost
Jauchzend sterben
Dem heiligen Wahn!

Wie Kinderspielzeug zerbrachen sie —
Düstre Giganten des Willens —
Ewige Fesseln...
Durch göttliche Ideen letteten
Sie wie Windspiele ganze Völker.
Und alles Größte, Erhabenste,
Alles Herrlichste und Höchste
Entsprang dem Hirn
Der „Enterbten des Glücks"! —
Freudiger pochte
Auf's Neue das Herz
Der unsichtbaren Macht des Genius.

Bellmanns Antwort.

Voll Haß steinigten sie ihn,
Weil auch er es gewagt
Wahr zu sein,
Alles zu geben,
Jede zuckende Fieber,
Jede Blöße der Seele!...
Wild schrieen sie auf allen Gassen
„Anathema",
Schlugen sich pharisäisch
An die feile Lügnerbrust
Und riefen:
„Steinigt ihn, steinigt ihn"!
Was focht' es ihn an?!
Stolz und still
Trug er sein Schicksal —!...
Sie waren die Milben, —
Er der Gott,
Des' Blätter nie vergilben —
Sie nur — Kot! —

Ichbeichte.

Nur Bruchstücke gab ich,
Wilde, gelle Schmerzensschreie
In meiner Verse Kiesgeröll...
In phantastischen Rhytmen
Atmete all' die Qual aus,
Die seit den Knabenjahren

Wohl dem,
Der ein Weib findet,
Das ihn versteht!
In dessen Schooß
Er vergißt seine Schmach!
Doch, weh' dem Unseligen,
Der ewig zweifelnd
Taumelt von Genuß zu Genuß,
Dem kein Port
Des Friedens sich öffnet,
Weil er sich selbst
Nicht zähmen kann! ...

Der Poet.

Was Natur dem Kinde
Liebreich in die Wiege gab:
Die Sehnsucht
Gebiert den Dichter,
Schafft Welten in seinem Innern ...
Freudig lauscht das Dichter-Ohr
Den tiefverborg'nen
Geheimnisvollen Quellen alles Lebens,
Den Stimmen des Alls,
Die im leisen Duft
Der Mondnacht raunen ...
In tausend Farben und Düften
Schwelgen die trunkenen Sinne —
Selig grüßt das Auge
Millionen Welten! — — —

Heroenkultus.
(an Dr. Max Halbe).

Mit erglühenden Wangen
Wie oft las ich
Was Helden der Idee gethan!
Ueber mich kam es
Wie Fieberrausch,
Jäh packte es mein Innerstes:
Sah ich die Märtyrer des Gedankens bluten,
Auf brennendem Rost
Jauchzend sterben
Dem heiligen Wahn!

Wie Kinderspielzeug zerbrachen sie —
Düstre Giganten des Willens —
Ewige Fesseln . . .
Durch göttliche Ideen ketteten
Sie wie Windspiele ganze Völker.
Und alles Größte, Erhabenste,
Alles Herrlichste und Höchste
Entsprang dem Hirn
Der „Enterbten des Glücks"! —
Freudiger pochte
Auf's Neue das Herz
Der unsichtbaren Macht des Genius.

Bellmanns Antwort.

Voll Haß steinigten sie ihn,
Weil auch er es gewagt
Wahr zu sein,
Alles zu geben,
Jede zuckende Fieber,
Jede Blöße der Seele! . . .
Wild schrieen sie auf allen Gassen
„Anathema",
Schlugen sich pharisäisch
An die feile Lügnerbrust
Und riefen:
„Steinigt ihn, steinigt ihn"!
Was focht' es ihn an?!
Stolz und still
Trug er sein Schicksal —! . . .
Sie waren die Milben, —
Er der Gott,
Des' Blätter nie vergilben —
Sie nur — Kot! —

Ichbeichte.

Nur Bruchstücke gab ich,
Wilde, gelle Schmerzensschreie
In meiner Verse Kiesgeröll . . .
In phantastischen Rhytmen
Atmete all' die Qual aus,
Die seit den Knabenjahren

Wohl dem,
Der ein Weib findet,
Das ihn versteht!
In dessen Schooß
Er vergißt seine Schmach!
Doch, weh' dem Unseligen,
Der ewig zweifelnd
Taumelt von Genuß zu Genuß.
Dem kein Port
Des Friedens sich öffnet,
Weil er sich selbst
Nicht zähmen kann!...

Der Poet.

Was Natur dem Kinde
Liebreich in die Wiege gab:
Die Sehnsucht
Gebiert den Dichter,
Schafft Welten in seinem Innern...
Freudig lauscht das Dichter-Ohr
Den tiefverborg'nen
Geheimnisvollen Quellen alles Lebens,
Den Stimmen des Alls,
Die im leisen Duft
Der Mondnacht raunen...
In tausend Farben und Düften
Schwelgen die trunkenen Sinne —
Selig grüßt das Auge
Millionen Welten! — — —

Heroenkultus.
(an Dr. Max Halbe).

Mit erglühenden Wangen
Wie oft las ich
Was Helden der Idee gethan!
Ueber mich kam es
Wie Fieberrausch,
Jäh packte es mein Innerstes:
Sah ich die Märtyrer des Gedankens bluten,
Auf brennendem Rost
Jauchzend sterben
Dem heiligen Wahn!

Wie Kinderspielzeug zerbrachen sie —
Düstre Giganten des Willens —
Ewige Fesseln...
Durch göttliche Ideen letteten
Sie wie Windspiele ganze Völker.
Und alles Größte, Erhabenste,
Alles Herrlichste und Höchste
Entsprang dem Hirn
Der „Enterbten des Glücks"! —
Freudiger pochte
Auf's Neue das Herz
Der unsichtbaren Macht des Genius.

Bellmanns Antwort.

Voll Haß steinigten sie ihn,
Weil auch er es gewagt
Wahr zu sein,
Alles zu geben,
Jede zuckende Fieber,
Jede Blöße der Seele!...
Wild schrieen sie auf allen Gassen
„Anathema",
Schlugen sich pharisäisch
An die feile Lügnerbrust
Und riefen:
„Steinigt ihn, steinigt ihn"!
Was focht' es ihn an?!
Stolz und still
Trug er sein Schicksal —!...
Sie waren die Milben, —
Er der Gott,
Des' Blätter nie vergilben —
Sie nur — Kot! —

Ichbeichte.

Nur Bruchstücke gab ich,
Wilde, gelle Schmerzensschreie
In meiner Verse Kiesgeröll...
In phantastischen Rhytmen
Atmete all' die Qual aus,
Die seit den Knabenjahren

Wohl dem,
Der ein Weib findet,
Das ihn versteht!
In dessen Schooß
Er vergißt seine Schmach!
Doch, weh' dem Unseligen,
Der ewig zweifelnd
Taumelt von Genuß zu Genuß,
Dem kein Port
Des Friedens sich öffnet,
Weil er sich selbst
Nicht zähmen kann!...

Der Poet.

Was Natur dem Kinde
Liebreich in die Wiege gab:
Die Sehnsucht
Gebiert den Dichter,
Schafft Welten in seinem Innern...
Freudig lauscht das Dichter-Ohr
Den tiefverborg'nen
Geheimnisvollen Quellen alles Lebens,
Den Stimmen des Alls,
Die im leisen Duft
Der Mondnacht raunen...
In tausend Farben und Düften
Schwelgen die trunkenen Sinne —
Selig grüßt das Auge
Millionen Welten! — — —

Heroenkultus.
(an Dr. Max Halbe).

Mit erglühenden Wangen
Wie oft las ich
Was Helden der Idee gethan!
Ueber mich kam es
Wie Fieberrausch,
Jäh packte es mein Innerstes:
Sah ich die Märtyrer des Gedankens bluten,
Auf brennendem Rost
Jauchzend sterben
Dem heiligen Wahn!

Wie Kinderspielzeug zerbrachen sie —
Düstre Giganten des Willens —
Ewige Fesseln . . .
Durch göttliche Ideen letteten
Sie wie Windspiele ganze Völker.
Und alles Größte, Erhabenste,
Alles Herrlichste und Höchste
Entsprang dem Hirn
Der „Enterbten des Glücks"! —
Freudiger pochte
Auf's Neue das Herz
Der unsichtbaren Macht des Genius.

Bellmanns Antwort.

Voll Haß steinigten sie ihn,
Weil auch er es gewagt
Wahr zu sein,
Alles zu geben,
Jede zuckende Fieber,
Jede Blöße der Seele! . . .
Wild schrieen sie auf allen Gassen
„Anathema",
Schlugen sich pharisäisch
An die feile Lügnerbrust
Und riefen:
„Steinigt ihn, steinigt ihn"!
Was focht' es ihn an?!
Stolz und still
Trug er sein Schicksal —! . . .
Sie waren die Milben, —
Er der Gott,
Des' Blätter nie vergilben —
Sie nur — Kot! —

Ichbeichte.

Nur Bruchstücke gab ich,
Wilde, gelle Schmerzensschreie
In meiner Verse Kiesgeröll . . .
In phantastischen Rhytmen
Atmete all' die Qual aus,
Die seit den Knabenjahren

Wohl dem,
Der ein Weib findet,
Das ihn versteht!
In dessen Schooß
Er vergißt seine Schmach!
Doch, weh' dem Unseligen,
Der ewig zweifelnd
Taumelt von Genuß zu Genuß.
Dem kein Port
Des Friedens sich öffnet,
Weil er sich selbst
Nicht zähmen kann!...

Der Poet.

Was Natur dem Kinde
Liebreich in die Wiege gab:
Die Sehnsucht
Gebiert den Dichter,
Schafft Welten in seinem Innern...
Freudig lauscht das Dichter-Ohr
Den tiefverborg'nen
Geheimnisvollen Quellen alles Lebens,
Den Stimmen des Alls,
Die im leisen Duft
Der Mondnacht raunen...
In tausend Farben und Düften
Schwelgen die trunkenen Sinne —
Selig grüßt das Auge
Millionen Welten! — — —

Heroenkultus.
(an Dr. Max Halbe).

Mit erglühenden Wangen
Wie oft las ich
Was Helden der Idee gethan!
Ueber mich kam es
Wie Fieberrausch,
Jäh packte es mein Innerstes:
Sah ich die Märtyrer des Gedankens bluten,
Auf brennendem Rost
Jauchzend sterben
Dem heiligen Wahn!

Wie Kinderspielzeug zerbrachen sie —
Düstre Giganten des Willens —
Ewige Fesseln...
Durch göttliche Ideen letteten
Sie wie Windspiele ganze Völker.
Und alles Größte, Erhabenste,
Alles Herrlichste und Höchste
Entsprang dem Hirn
Der „Enterbten des Glücks"! —
Freudiger pochte
Auf's Neue das Herz
Der unsichtbaren Macht des Genius.

Bellmanns Antwort.

Voll Haß steinigten sie ihn,
Weil auch er es gewagt
Wahr zu sein,
Alles zu geben,
Jede zuckende Fieber,
Jede Blöße der Seele!...
Wild schrieen sie auf allen Gassen
„Anathema",
Schlugen sich pharisäisch
An die feile Lügnerbrust
Und riefen:
„Steinigt ihn, steinigt ihn"!
Was focht' es ihn an?!
Stolz und still
Trug er sein Schicksal —!...
Sie waren die Milben, —
Er der Gott,
Des' Blätter nie vergilben —
Sie nur — Kot! —

Ichbeichte.

Nur Bruchstücke gab ich,
Wilde, gelle Schmerzensschreie
In meiner Verse Kiesgeröll...
In phantastischen Rhytmen
Atmete all' die Qual aus,
Die seit den Knabenjahren

Mir zur Seite ging
Wie ein bleiches, hysterisches Weib
Mit großen, flammenden Büßeraugen,
Hagern, hectischen Wangen:
Der verkörperte Weltschmerz!
Nicht Muße fand ich
Den Marmor zu meißeln
Mit emsigen Fleiß,
Wie der echte Künstler!
Nur Augenblicksflammen,
Seifenblasen der Qual
Gebar des Herzens Unrast
Und lange nach
Der Zeit der Pein
In buntem Gemisch
Sah die Welt
Die wirren Fetzen
Einer kranken Seele.

Moderne Jugend.

O brünst'ge Gier, die Menschen ganz
Zu willenlosen Tieren macht!
Schmach über diese Männerwelt
Von heute, die der Keuschheit baar
Die Blüte reiner Mannestugend
Verlacht und in der Lüste Sumpf
Das Mark verpraßt mit feilen Weibern!
In Tanz und Spiel vergeuden sie
Ihr junges Blut in wilden Freuden,
So jung sind sie schon halbe Greise!...—
Siechen sie hin ohn' Kraft und Feuer
Sich selbst ein Spott! — o, Thorenwahn!
Ein ew'ger Vorwurf später Reue!...

Ein thatenlos Zigeunervolk,
Das dreist im Schmutz des Lasters wühlt
Und lachend sich mit Kot besudelt
Das ist die Jugend, welche heut
In Trank und Tod zur Meisterschaft
So früh es herrlich-weit gebracht!..

Der Wollust Blumen.

Der Wollust Blumen sprossen
Im „Ritt" nur den „Barbaren",

Auf sattellosen Rossen
Heiraten die Tartaren!
Dort nimmt man sich die Dirnen
Mit schwarzen Rabenhaaren
Und bleichen Lilienstirnen
Im Sattel sich zu paaren!
Ha! welche Taumelfreuden
In glüh'nden Wonneküssen
Die Kraft wild zu vergeuden
In nächt'gen Finsternissen!
So ins Gebirg zu reiten
Die „Braut" in starken Armen —
Mit ihr herniedergleiten
Zum Herdfeuer, dem warmen. . . .
Den Nachttau ihr zu trinken
Von lusterglühten Wangen,
Ins Haidegras zu sinken
In rasendem Verlangen!
Wo des Gebirges Zacken
Zum bleichen Himmel grüßen:
An der Geliebten Nacken
Die Macht der Schönheit büßen! . . .

Reinhold Lenz*).

I.

Oft arm, schwach, hilflos, wie ein Kind
War er in seinem Taumelsinn —
Und doch ein Held!

II.

Ein Denkmal dauernder als Erz
Sind Wort und Melodie des Dichters . . .

Einst.

Zerstreute Blätter fand ich wieder!
Verwelkte Blumen, Atlasbänder,
Und längst verscholl'ne Liebeslieder
Und Fetzen luftiger Gewänder,

---

*) Der geniale Rivale Göthes. Vgl. auch meine litterar.-historische Mystification vom Jahre 1885.

Die „Sie" die Teure einst getragen!
Vor Jahren fanden sich die Herzen —
Wie schnell verrauscht ein paar von Tagen
Mit tausend Freuden, tausend Schmerzen!

An Herrmann Bahr.
(Zur Moderne. Von Herrmann Bahr. Bb. I*).

Jahrhunderte vergehen,
Doch das Wort eines Meisters,
Eines Riesen der Feder:
Dauerhafter ist es
Als Marmor und Erz!
Bestehen wird es,
Wenn im Zeitensturme
Die Werke der Bildner morsch verwehen,
Die Farben verblassen,
Die einst göttlicher geleuchtet
Wie das nackte Fleisch,
Der herrliche Leib
Der Lebendigen!..
O Wunder aller Wunder!
Wenn der schaffende Geist —
Gefäß dämonischer Allkraft —
Aufschlürft den Wedruf
Von Jahrhunderten,
Dem Traum der Zeit
Nahrung und Bildung giebt!
Wenn die glühende Sehnsucht
Ausatmet im unsterblichen Rhytmus!
Jahrhunderte vergehen
Doch das Werk eines Dichters,
Eines Riesen der Feder:
Jedem Sturm steht es
Dauerhafter als Marmor und Erz!

In der Riesenstadt.

Weltstadtbrodem .. Rings Maschinen
Dröhnen, wirr braust's durch die Gassen,
Menschlein summen wie die Bienen
In den ries'gen Häusermassen ...

---

*) Zürich; Schabelitz.

An sich nur denkt stumpf hier Jeder,
Versteint sind die wilden Herzen,
Leerer stets und immer öder
Fühlst du dich mit deinen Schmerzen!

Einz'ger Abgott sind die Sinne,
Dämon Mammon peitscht sie Alle
Und du wirst's tiefschmerzlich inne:
Fielst in eine Mausefalle!

Weil du frei von nieder'n Trieben
Frei von Haß und Neid und Lastern:
Find't Erfüllung nie dein Lieben
Zahlst du baar nicht mit Piastern!

Epilog.

Spurlos verweh'n, ins Nichts zerronnen
Der Erde flücht'ge Himmelswonnen
Und traumhaft taucht in ew'ges Schweigen
Der Herzen Zueinanderneigen.
Wo gestern glühten tausend Sonnen
Starrt heute eine tote Welt,
Wo golden floß des Lebens Bronnen:
Starrt Nacht, von keinem Stern erhellt....

Stimmungen.

II.

Stimmungen.

II.

Stimmungen.

II.

Du nahſt.

Du nahſt, ein holder Engel
Aus lichtem Feenreich,
Und bannſt die tauſend Mängel
Im irdiſchen Bereich!
In deinem Aug', dem ſüßen
Blüht der Berauſchung Luſt
Und tauſend Himmel grüßen
Im Traum an Deiner Bruſt. . . .

Bitte.

In dem Himmel dieſer Stunden
Laß uns Zeit und Raum vergeſſen,
In dem Taumel der Sekunden
Laß dich trunken an mich preſſen!
Alle Götter ſind im Bunde
Spenden uns ambroſ'ſche Wonnen:
Jeder Schmerz der Todeswunde
Iſt in Edens Traum zerronnen. . . .

Eins.

Fühle ganz, wie ich dich liebe,
Wenn mein Herz an deinem lauſcht,
Wenn in heißem Sehnſuchtstriebe
Mich dein ſüßer Duft berauſcht!
Wenn in ew'gen Flammenküſſen
Seele ſich in Seele ſenkt . . . . .

Leb' — wohl!

Der ich verging — o Höllenqual! —
In raſend-tollem Bacchanal
An deinem Leib — ich lache!

Du nahst.

Du nahst, ein holder Engel
Aus lichtem Feenreich,
Und bannst die tausend Mängel
Im irdischen Bereich!
In deinem Aug', dem süßen
Blüht der Berauschung Lust
Und tausend Himmel grüßen
Im Traum an Deiner Brust....

Bitte.

In dem Himmel dieser Stunden
Laß uns Zeit und Raum vergessen,
In dem Taumel der Sekunden
Laß dich trunken an mich pressen!
Alle Götter sind im Bunde
Spenden uns ambros'sche Wonnen:
Jeder Schmerz der Todeswunde
Ist in Edens Traum zerronnen....

Eins.

Fühle ganz, wie ich dich liebe,
Wenn mein Herz an deinem lauscht,
Wenn in heißem Sehnsuchtstriebe
Mich dein süßer Duft berauscht!
Wenn in ew'gen Flammenküssen
Seele sich in Seele senkt.....

Leb' — wohl!

Der ich verging — o Höllenqual! —
In rasend-tollem Bacchanal
An deinem Leib — ich lache!

Du nahst.

Du nahst, ein holder Engel
Aus lichtem Feenreich,
Und bannst die tausend Mängel
Im irdischen Bereich!
In deinem Aug', dem süßen
Blüht der Berauschung Lust
Und tausend Himmel grüßen
Im Traum an Deiner Brust. . . .

Bitte.

In dem Himmel dieser Stunden
Laß uns Zeit und Raum vergessen,
In dem Taumel der Sekunden
Laß dich trunken an mich pressen!
Alle Götter sind im Bunde
Spenden uns ambros'sche Wonnen:
Jeder Schmerz der Todeswunde
Ist in Edens Traum zerronnen. . . .

Eins.

Fühle ganz, wie ich dich liebe,
Wenn mein Herz an deinem lauscht,
Wenn in heißem Sehnsuchtstriebe
Mich dein süßer Duft berauscht!
Wenn in ew'gen Flammenküssen
Seele sich in Seele senkt . . . . .

Leb' — wohl!

Der ich verging — o Höllenqual! —
In rasend-tollem Bacchanal
An deinem Leib — ich lache!

Daß ich so heiß, so wild geliebt,
Wie nie es mehr ein Lieben giebt:
Ich lache — Weib, ich lache!

Lockspeis' war deine Schönheit nur,
Ein üpp'ger Köder der Natur
Den „Sclaven" einzufangen:
Doch der genoß das süße Gift,
Das bis ins Mark die Seele trifft —
Und ist dann weiter gangen! —

Und ob du bist, und ob du lebst,
Zu wem du deine Blicke hebst,
Ist mir gleichgült'ge Sache —
Der ich so heiß, so wild geliebt,
Wie nie es mehr ein Lieben giebt,
Ich lache, Weib, ich lache!...

Der erste Mai.

Wie ein Traum ist über Nacht
Schnell der erste Mai gekommen:
Tausend Blüten sind erwacht
Mit dem Blumenaug', dem frommen...
Durch die Thäler wogt der Duft
Junger Veilchen, junger Rosen,
Erster Hauch der Frühlingsluft
Will um Stirn' und Wange kosen!...
Ach! da wird die Brust so frei!
Durch die Seele geht ein Rauschen,
Holde Andacht weckt der Mai —
Und das Herz muß selig lauschen!...

Hamburg-Altona.

Die See lag spiegelglatt
Im gold'nen Sonnenlicht,
Ich lehnte müd' und matt —
Glücklich — ich war es nicht!...

Gesucht hab' ich das Glück
So manches lange Jahr:
Selten traf mich ein Blick,
Der doch dann Traum nur war!...

Seltsam-heilig war die Nacht.

Weite Auen sah ich liegen
Bleich in Mondespracht,
Weiden sah ich scheu sich biegen,
Sah das Angesicht der Nacht!...

Sah die schwarzen Wälder grüßen!...
Ihre dunkle Schattenpracht
Lag wie Traum zu meinen Füßen, —
Seltsam-heilig war die Nacht...

Abend im Spreewald.
(Im neusten „Gesellschafts"-Liederton).

Der Spreewald prangt in Apfelblüte....
Wo waldwärts braune Enten zieh'n
Die Jugend schwenkt die Sommerhüte
Und schwelgt in Wandermelodien...

Aus buntgeschmücktem Spreewaldnachen
Tönt junger Mädchen Fröhlichkeit,
Wie Silberglocken klingt dies' Lachen —
Und Friede lächelt weit und breit.

Der Bauer schwingt im Korn die Sichel,
Die Aehre starrt wie dichter Wald,
Die Pfeif' im Mund steht Bauer Michel
Und brummt in seinen Bart: 's wird kalt!

Faust up to date.

Ungarns wild-wildschwermütige Zigeunertänze
Bacchantisch wirbeln durch den Palmenhain,
Rings blühen tausend Blumen, tausend Lenze,
Jauchzend zur Decke knallt Champagnerwein....

Aufkreischt schmerztolle Lust, die im Vergessen
Des Daseins Schaum zur Himmelsdecke spritzt,
Don Juan-Faust darf Marg'rethen an sich pressen,
Aus deren Aug' wonn'ge Gewährung blitzt...

Wunsch.

Wo tief im Sabinergebirge nisten
Wunschlos-glückliche Malerknaben
Die sich am Wuchs der Juden- und Christen-
Mädchen Sinne und Seele laben —
In der Campagna meerweiten Flächen
Pantergefleckte Zuchtstiere grasen,
Kreuzschlangen, Nattern, Mosquitos stechen,
Heuschrecken fliegen um Mund und Nasen —
Wo meilenfern nur aschgrauer Himmel,
Horizont nur sichtbar und karge Ruinen,
Einst erfüllt von lärmendem Menschengetümmel,
Doch jetzt summen dort nur kelchschwärmende Bienen —
Wo des Banditen totbleiche Schöne
Die Cingarella tanzt zum Guitarrengesang,
Um schnellen Tod werben heiß diese Töne,
Um männlich-stolzen Untergang:
Dort bei Briganten, Dirnen und Sbirren
In erzkatholischer Bergdörfer Schlund,
Möcht' ich des Lebens Schmerzknäul entwirren,
Den Poesiebecher trinken — tief — bis zum Grund! —

Walhalla.

O schöner Ruheport, o holder Friede
So süß und milde wie Akazienduft!
Hier ruht der Lebenspilger matt und müde,
Wenn zu der Gottheit Schooß der Tod ihn ruft. . . .

So manche Thräne weint hier treue Liebe!
Mild schwebt der Traumduft der Erinnerung,
Die Lippe seufzt: o wär ich wieder jung —
Und rings, rings schwellen tausend Frühlingstriebe! . . .

Dante'sche Hölle.

Abend ward's in dem rauchigen Vorbelle . . . .
Um die Portièren wob der Dämmrung Traum,
Mit ersten Schatten stritt der Sonne Helle —
Und wildes Düster lag rings auf dem Raum;

Entblößte Weiber viehische Begierden
Stillten wie Tiere, wenn sie Wollustrausch erfaßt,
Geschmückt einst mit des Weibes schönsten Zierden
Trieben sie stumpf ihr Handwerk, tiefgehaßt . . .

Am Boden lagen rings zerbroch'ne Scherben
Branntwein floß übelriechend auf den Tisch:
Drum hockten jene, die am Wege sterben
Von Weib und Tier ein fürchterlich Gemisch! . . . .

Die Kunst.

Dem Höchsten soll die Bühne dienen!
Sie sei des Edlen schöner Port,
Sie zaubre Andacht auf die Mienen
Der Hörer bei dem kleinsten Wort!
Zu allem Großen, Schönen, Kühnen
Entflamme sie der Menge Geist,
Um das Gemeine zu entsühnen,
Wenn sie uns zu den Sternen reißt. . . .

Allein.

Motto
O furchtbare Pein
Allein zu sein!
So ganz allein
Unter Millionen allein!
Ohne Seele im Leib,
Ohne Herz in der Brust —
Ohne Freund, ohne Weib — — —

Allein.

Motto
O furchtbare Pein
Allein zu sein!
So ganz allein
Unter Millionen allein!
Ohne Seele im Leib,
Ohne Herz in der Brust —
Ohne Freund, ohne Weib — — —

Allein.

Motto
O furchtbare Pein
Allein zu sein!
So ganz allein
Unter Millionen allein!
Ohne Seele im Leib,
Ohne Herz in der Brust —
Ohne Freund, ohne Weib — — —

Stimmung.

Den Raben auf dem Felde gleich
Die auf den Aesern sich versammeln
Ist grauer Schmerz mir zugeflogen,
Weil in des Lenzes Blütenhauch
Ich faulen Grabesmoder roch . . .
Verwesung breitet ihren Hauch
Pestschwanger durch die linden Lüfte
Und nichts verschont der böse Feind!
Ja selbst der süße Trug der Liebe
Endete jäh und bitter-schmerzlich . . .

Ode.

Natur und Weib
In Euch, ihr süßen,
Ewigen Rätsel der Gottheit
Vollendet sich
Jeder Traum des Herzens
Auf dieser armen,
Schmerzerfüllten Erde . . .
Ihr seid der Friede.
Ihr seid das Glück,
Ihr seid das Paradies!
In Weibesarmen —
Blühet der Himmel,
In Weibesaugen
Flammet die Sonne,
In Weibeskuß
Schwinden Himmel und Erde —
Und ewiger Wonneduft
Strahlen mildversöhnend
Die Sterne der Erlösung . . .

Dichterleben.

Heut Sonnenduft, Lenzpulse, Lerchenjubel
Die Seele schwellen tausend Frühlingstriebe
Und morgen Nebelnacht, Leidenschaftstrubel ...
Heut Fesseln, Pflichtcandare, Sklavenengen:
Morgen König um Eden's Thor zu sprengen,
Der Hölle Todespforten zu erschließen!
Heut Arbeit ganz und morgen ganz Genießen,
In tiefen, durst'gen Zügen Allzerfließen
Taumeltod, Wahn und Raserei der Sinne
Und Wollust schmachvoll, ohne Glück und Frieden ...

Abschied von N....
(Im Coupé.)

Fordonski, Hoffriseur, Neuigkeitskrämer,
'N blasser, schwachbrüstiger Orientale
Und Löwenstein, Jude und Photograph —
Geschäftsmann tüchtig voller Zukunftspläne —
Dann meine kleine, süße Josephine
So munter wie ein Füllen, wie 'ne Biene,
Die frisch vom Stocke fliegt und Honig sucht,
Mein holder Schatz, der alles besser weiß
Und arrrogant Welten im Gretchentäschchen trägt —
Rührender Abschied, Herbststurm, Klingelzeichen —
Ueber die Erde dunkle Wolken streichen!
Doch wir, wir haltend kosend uns umschlungen,
Von Liebe sind die Herzen süß durchdrungen,
Liebe, die sehnend um Erhörung fleht. — ...

Willst machtvoll Du....

Willst machtvoll, ohne Vorbild Du
Selbstherrlich kühn das Bild gestalten
Der Welt, wie Du es siehst und fühlst,
Bilderfüll' gilt da gleich als Wahnwitz,
Bombastisch nennt man die Hyperbeln,
Womit Du an die Sterne greifst.
Und die Kritik mit Achselzucken ·
Schweigt todt dich armseligen Narr'n,
Der in den Dreck fuhr seinen Karr'n,

Statt frisch des Blödsinns Kuh zu melken
Dort, wo der volle Euter sitzt,
Des Beifalls Milch entgegenspritzt!
Höchstens heißt es mit weisem Tadel:
Wie unpraktisch sind all die Racker,
Die Dichter heutzutage doch!
O spannten sie in's Sklavenjoch
Den Glutstrom ihrer Phantasie:
Es stünde besser um die Welt,
Die schon genug des Weh's durchgellt
Und drum sich sehnt nach leichter Kost!
Nach Dirnen aus dem Tingeltangel
Halbnackt geschürzt, nach Variétés,
Dort, wo die Zoten zischelnd prasseln, (—
Raketen in der Geister Schlacht! —)
Behaglich gähnt die tiefe Nacht . . .

Passé.

Circus Conyöt, Wally, mein vierzehnjähriger Stern
So heißgeliebt, wir hatten uns freßgern,
Reiten, Fechten und Trunk aus dem Glas,
Wildes Götterleben, Rass', Schneid' ohne Maß! . .
Dann Lohnsklaven, moderne Zeitungsschwengel
Und Pfennigreiter mittendrin, mein Engel
Schön wie der junge Tag, pikant, rosig und frisch,
Von Kind und Weib und Wollust ein Gemisch:
O, Stunden, Tage voller Seligkeit —
O, nimmer kehrst zurück du, schöne Zeit!

Der Schänder.

Er sah sie, wie sie halb noch Kind
Von holdverführerischer Anmut
Im Walde Beeren suchen ging;
In jenem dunklen Föhrenwald
Darin er mondenlang gehaust
Weil — von dem Lärm der Welt umgraust —
Dem innern Selbst er nicht mehr traute . . .
Da horch! welch sonderbarer Laut! —
Mit heißer Redeglut bethört
Er das unschuldige Kind, bettet

Dichterleben.

Heut Sonnenduft, Lenzpulse, Lerchenjubel
Die Seele schwellen tausend Frühlingstriebe
Und morgen Nebelnacht, Leidenschaftstrubel . . .
Heut Fesseln, Pflichtcandare, Sklavenengen:
Morgen König um Eden's Thor zu sprengen,
Der Hölle Todespforten zu erschließen!
Heut Arbeit ganz und morgen ganz Genießen,
In tiefen, durst'gen Zügen Allzerfließen
Taumeltod, Wahn und Raserei der Sinne
Und Wollust schmachvoll, ohne Glück und Frieden . . .

Abschied von R . . . .
(Im Coupé.)

Fordonski, Hoffriseur, Neuigkeitskrämer,
'N blasser, schwachbrüstiger Orientale
Und Löwenstein, Jude und Photograph —
Geschäftsmann tüchtig voller Zukunftspläne —
Dann meine kleine, süße Josephine
So munter wie ein Füllen, wie 'ne Biene,
Die frisch vom Stocke fliegt und Honig sucht,
Mein holder Schatz, der alles besser weiß
Und arrogant Welten im Gretchentäschchen trägt —
Rührender Abschied, Herbststurm, Klingelzeichen —
Ueber die Erde dunkle Wolken streichen!
Doch wir, wir haltend kosend uns umschlungen,
Von Liebe sind die Herzen süß durchdrungen,
Liebe, die sehnend um Erhörung fleht. — . . .

Willst machtvoll Du . . . .

Willst machtvoll, ohne Vorbild Du
Selbstherrlich kühn das Bild gestalten
Der Welt, wie Du es siehst und fühlst,
Bilderfüll' gilt da gleich als Wahnwitz,
Bombastisch nennt man die Hyperbeln,
Womit Du an die Sterne greifst.
Und die Kritik mit Achselzucken
Schweigt todt dich armseligen Narr'n,
Der in den Dreck fuhr seinen Karr'n,

Statt frisch des Blödsinns Kuh zu melken
Dort, wo der volle Euter sitzt,
Des Beifalls Milch entgegenspritzt!
Höchstens heißt es mit weisem Tadel:
Wie unpraktisch sind all die Racker,
Die Dichter heutzutage doch!
O spannten sie in's Sklavenjoch
Den Glutstrom ihrer Phantasie:
Es stünde besser um die Welt,
Die schon genug des Weh's durchgellt
Und drum sich sehnt nach leichter Kost!
Nach Dirnen aus dem Tingeltangel
Halbnackt geschürzt, nach Variétés,
Dort, wo die Zoten zischelnd prasseln, (—
Raketen in der Geister Schlacht! —)
Behaglich gähnt die tiefe Nacht . . .

Passé.

Circus Conyöt, Wally, mein vierzehnjähriger Stern
So heißgeliebt, wir hatten uns freßgern,
Reiten, Fechten und Trunk aus dem Glas,
Wildes Götterleben, Raff', Schneid' ohne Maß! . .
Dann Lohnsklaven, moderne Zeitungsschwengel
Und Pfennigreiter mittendrin, mein Engel
Schön wie der junge Tag, pikant, rosig und frisch,
Von Kind und Weib und Wollust ein Gemisch:
O, Stunden, Tage voller Seligkeit —
O, nimmer kehrst zurück du, schöne Zeit!

Der Schänder.

Er sah sie, wie sie halb noch Kind
Von holdverführerischer Anmut
Im Walde Beeren suchen ging;
In jenem dunklen Föhrenwald
Darin er mondenlang gehaust
Weil — von dem Lärm der Welt umgraust —
Dem innern Selbst er nicht mehr traute . . .
Da horch! welch sonderbarer Laut! —
Mit heißer Redeglut bethört
Er das unschuldige Kind, bettet

Dichterleben.

Heut Sonnenduft, Lenzpulse, Lerchenjubel
Die Seele schwellen tausend Frühlingstriebe
Und morgen Nebelnacht, Leidenschaftstrubel ...
Heut Fesseln, Pflichtcandare, Sklavenengen:
Morgen König um Eden's Thor zu sprengen,
Der Hölle Todespforten zu erschließen!
Heut Arbeit ganz und morgen ganz Genießen,
In tiefen, durst'gen Zügen Allzerfließen
Taumeltod, Wahn und Raserei der Sinne
Und Wollust schmachvoll, ohne Glück und Frieden ...

Abschied von R....
(Im Coupé.)

Jordonski, Hoffriseur, Neuigkeitskrämer,
'N blasser, schwachbrüstiger Orientale
Und Löwenstein, Jude und Photograph —
Geschäftsmann tüchtig voller Zukunftspläne —
Dann meine kleine, süße Josephine
So munter wie ein Füllen, wie 'ne Biene,
Die frisch vom Stocke fliegt und Honig sucht,
Mein holder Schatz, der alles besser weiß
Und arrogant Welten im Gretchentäschchen trägt —
Rührender Abschied, Herbststurm, Klingelzeichen —
Ueber die Erde dunkle Wolken streichen!
Doch wir, wir haltend kosend uns umschlungen,
Von Liebe sind die Herzen süß durchdrungen,
Liebe, die sehnend um Erhörung fleht. — ...

Willst machtvoll Du ....

Willst machtvoll, ohne Vorbild Du
Selbstherrlich kühn das Bild gestalten
Der Welt, wie Du es siehst und fühlst,
Bilderfüll' gilt da gleich als Wahnwitz,
Bombastisch nennt man die Hyperbeln,
Womit Du an die Sterne greifst.
Und die Kritik mit Achselzucken ·
Schweigt todt dich armseligen Narr'n,
Der in den Dreck fuhr seinen Karr'n,

Statt frisch des Blödsinns Kuh zu melken
Dort, wo der volle Euter sitzt,
Des Beifalls Milch entgegenspritzt!
Höchstens heißt es mit weisem Tadel:
Wie unpraktisch sind all die Racker,
Die Dichter heutzutage doch!
O spannten sie in's Sklavenjoch
Den Glutstrom ihrer Phantasie:
Es stünde besser um die Welt,
Die schon genug des Weh's durchgellt
Und drum sich sehnt nach leichter Kost!
Nach Dirnen aus dem Tingeltangel
Halbnackt geschürzt, nach Variétés,
Dort, wo die Zoten zischelnd prasseln, (—
Raketen in der Geister Schlacht! —)
Behaglich gähnt die tiefe Nacht ...

Passé.

Circus Conyöt, Wally, mein vierzehnjähriger Stern
So heißgeliebt, wir hatten uns fretzgern,
Reiten, Fechten und Trunk aus dem Glas,
Wildes Götterleben, Raff', Schneid' ohne Maß!..
Dann Lohnsklaven, moderne Zeitungsschwengel
Und Pfennigreiter mittendrin, mein Engel
Schön wie der junge Tag, pikant, rosig und frisch,
Von Kind und Weib und Wollust ein Gemisch:
O, Stunden, Tage voller Seligkeit —
O, nimmer kehrst zurück du, schöne Zeit!

Der Schänder.

Er sah sie, wie sie halb noch Kind
Von holdverführerischer Anmut
Im Walde Beeren suchen ging;
In jenem dunklen Föhrenwald
Darin er mondenlang gehaust
Weil — von dem Lärm der Welt umgraust —
Dem innern Selbst er nicht mehr traute...
Da horch! welch sonderbarer Laut! —
Mit heißer Redeglut bethört
Er das unschuldige Kind, bettet

Sich stürmisch an die reine Brust —
Kein Schrei dem Opfer sich entringt —
Und willenlos er's niederzwingt,
Um schamlos-vieh'sche Brunst zu stillen!
Dann wälzt er sich in wilder Reue
Auf moos'gem Bett!.. Der seltsam-scheue
Blick jenes blassen, süßen Kindes
Schneidet tief, tief ihm in die Seele...
Weithin hörbar pocht laut sein Herz!..
Seltsame Angst schnürt ihm die Kehle,
Heulend zerrauft er sich das Haar,
Das seine Einsamkeit gebar....
Aufsieht das arme Kind und mehr
Wie jeder laute Jammer rührt
Das stille Schluchzen seine Seele,
Daraus der hoffnungsbaare Schmerz
Des fassungslosen Wahnsinns tönt...
O schnöde, blutschänd'rische That!
Wasser holt er aus nahem Quell
Um diese reine Stirn zu netzen
Und glücklich ist er, wahrhaft glücklich,
Bis seine Augen mit Entsetzen
Den starren Fels lechzend umfahn...
Ein Augenblick, es ist gethan:
In bodenloser Tiefe stürzt er
Hinab — in niegeseh'nes Nichts...

Prolog.
(29. 9. 89.)

Zum zweiten Male nah'n wir eurem Kreise
Ihr edlen Bürger und ihr holden Frauen,
Um euch im Spiegel holder Musengunst
Des Lebens Freudenwelt, den holden Scherz
Und auch der Tragik bittren Ernst zu zeigen...
Willkommen euch, die ihr mit Liebe stets
Das Streben jedes Einzelnen verschönt,
Edles Bemüh'n zu hohem Ziel gekrönt,
Die oft ihr Nachsicht übtet, wenn die Kraft
Die schwache, kühn sich selber überschätzte,
Weil Sehnsucht sie zu Sternenwelten trug!
Erfolg ist ja das hohe Streben schon
Nach goldnen Sternenwelten, ist der Mut,
Sich ganz dem Schönen, Guten nur zu weih'n!
Und was die Edlen der Nation gefühlt, gedacht,

Geschaut mit ihren lichten Sonnenaugen,
In heil'ger Weihe der Begeisterung
Geschaffen, neu leiht dann die Kunst
Dem toten Wort Musik und süßen Schall ...
Noch heut das tiefste Herz des Hörers bebt,
Wenn so Natur in tausend Wundern lebt,
Im Spiegel jeden kleinsten Fehler zeigt,
Und doch das Herz sich allem Großen neigt...
So prangt des Dichters Werk, ein Monument
Das hehr dem rauhen Sturm der Zeiten trotzt!
Was uns ein Shakespeare und ein Göthe gab
Ist unser, wird es ewig-herrlich bleiben:
So lange Herzen hier auf Erden schlagen
Dem Gott der Liebe und dem Gott der Sehnsucht ..
So nah' euch denn auf rauhem Lebenspfade
Der düstre Ernst, des Scherzes holder Frohsinn
In trautem Wechsel wie das Leben selbst!
Möge die Stirn sich glätten euch, wenn Witz auf Witz
Moderner Corybanten Bolzen löst —
Doch wenn der Ernst des Lebens sich euch naht:
Dann seid gewappnet mit dem Schild der Wahrheit!

Requiem.

Steh'n wir am Grabe unsrer Lieben:
Wie schaal die Welt, wie nachtumhüllt!
Im Sturm zerschellt der Gottheit Bild —
Und nur der Schmerz ist uns geblieben;
Und mit dem Schmerz, dem wehmuttrüben,
Ein kleines Häuflein Asche nur —
Grausam in aller Winde Spur
Wird es vom rauhen Sturm getrieben ....

Kiel, 19. März 1891.

Zur Kunst drängt mich's mit Thränen!
Denn Alles, was ich sang
Der Seele heißes Sehnen
War herber Schmerzensklang!
Neu fühl' ich süßes Leben
Durch meine Adern weh'n:
Ich will mich selber geben —
Als Künstler auferſteh'n!

An eine junge, angehende Künstlerin.

Zur Bühne willst Du gehen!
Was Dir das Herz bewegt
Leuchtend verkörpert sehen
Vom Lampenschein umhegt!
Strebend nach höchstem Ziele
Nur kannst Du glücklich sein,
Ganz lebend dem Gefühle —
Noch ahnst Du nicht die Pein!
O glaube meinen Worten!
Nach rauhem, wildem Kriege,
Erst öffnet ihre Pforten
Thalia Dir zum Siege!
Des Weibes Anmut, Würde,
Der Keuschheit licht' Panier
Wirfst ab als läst'ge Bürde —
Dann winkt Erfüllung Dir!

Abend am Meer.

Im Meer und auf den Höhen
Verglüht der schwüle Tag,
In's leise Abendwehen
Tönt letzter Glockenschlag;
Seltsame Windesschauer
Geh'n leis' durch Wald und Flur —
Von naher Wintertrauer
Träumt müde die Natur.....

Haidebild.

Ueber die düstre Haide
Winde und Wolken zieh'n ....
Ueber der Wiesen Grün
Gespenstige Schatten flieh'n
Zu den Dörfern im Osten ....
Bleich wogt heran
Der Dämmerung Traum,
Bis die Abendsonne
Das seltsame Bild
Mit grellem Purpur überglänzt ...

Mondnacht.

Der Mond ist aufgegangen
Ueber der Wälder Kranz,
Auf deinen bleichen Wangen
Rinnt müd' sein Silberglanz;
Millionen gold'ne Sterne
Funkeln in lichter Pracht
Aus blauer Himmelsferne
Zur alten Erdennacht.

Bild.

Berauschende Blumenpracht
Lockt sanft durch Rosenbüsche,
Zu holder Gartennacht,
Zu süß verschwieg'ner Nische....
Zwei Fichten krönen nächtig
Des Weinlaubs Goldgemächer,
Durch Zweige schlank und prächtig
Seh'n rothe Ziegeldächer....
Dort küß' ich Dich Du Süße —
Dem Aug' schickt tausend Grüße!...

An A.... G....

Wo sich die Häuser schmiegen
Dicht an den grünen Garten
Der Ebne: wonnig fliegen
Des Himmels Goldstandarten...
Dort träum' ich Stund' um Stunde!
Wie einst im Vollmondscheine
Naht jede Glückssekunde,
Bis ich bitterlich weine!

Epilog.

Ob sie mein Geschreibsel lesen
Oder nicht — bei allem Bösen!
Wenig — wahrlich hier auf Erden
Macht mir — weniger Beschwerden.

Fliegendes Blatt.

Kunstausübung im höchsten Sinne ist ewige Selbstkasteiung, ist das völlige Aufgehen der Individualität in irgend einer Kunst, das Einsetzen **aller** geistigen und menschlich-persönlichen Werte um eines ethischen Ideals, ästhetischen Religionsprincipes willen! Ein solches Leben atmet und webt dann völlig im Reich der Phantasie coûte qui coûte; der Künstler jedoch verblutet an seiner Individualität, denn alle Künstlerschaft ist Traum — Traum des Künstlers Erdenwallen — Traum, wie das Leben selbst!

Requiem.

Motto:
Philister lebt gesünder
Als Ideals Pfadfinder.

Exludien.

I.

Man gebe sich darüber keiner Täuschung hin: die große Menge hat sich nie, zu keiner Zeit an anderen, wie an „rohstofflichen" d. h. den sinnlichen Elementen, welche jedes Kunstwerk enthält, ergötzt. Den in ihre tausend kleinlichen Daseinsinteressen verstrickten Alltagsmenschenkindern, wie sollte ihnen das tiefere Verständnis erhabenen Dichterwortes, die herrliche contrapunktische Schönheit eines polyphonen Meisterwerkes, die göttliche Offenbarung eines Genius, anders als eben rein rohstofflich aufgehen?!

II.

Wer kann heutzutage noch den Künstler vom Dilettanten, den Dichter vom Stümper unterscheiden?! Wer versteht wirklich ernsthaft etwas von der Lyrik, diesem Urelement aller Poesie? Verteufelt Wenige! Und diese Wenigen müssen mit der Diogeneslaterne gesucht werden, sie hausen abseits von der großen Straße, abseits der ausgetretenen Bahnen, der „Dutzendmenschen"!

III.

Auf Anerkennung hoffe, wenn Du tot bist! Unsterblichkeit, Nachruhm, Anerkennung sind lauter schöne Dinge, aber der Lebende mag zappeln! Wie kann er mehr sich dünken wollen, als die Heerde?!!!

Requiem.

Einer großen Narrenbube
Glich noch jüngst die junge Dichtung:
Gentleman — Zigeuner — Lude
Hieß die Trias „neuster Richtung".

Exludien.

I.

Man gebe sich darüber keiner Täuschung hin: die große Menge hat sich nie, zu keiner Zeit an anderen, wie an „rohstofflichen" d. h. den sinnlichen Elementen, welche jedes Kunstwerk enthält, ergötzt. Den in ihre tausend kleinlichen Daseinsinteressen verstrickten Alltagsmenschenkindern, wie sollte ihnen das tiefere Verständnis erhabenen Dichterwortes, die herrliche contrapunktische Schönheit eines polyphonen Meisterwerkes, die göttliche Offenbarung eines Genius, anders als eben rein rohstofflich aufgehen?!

II.

Wer kann heutzutage noch den Künstler vom Dilettanten, den Dichter vom Stümper unterscheiden?! Wer versteht wirklich ernsthaft etwas von der Lyrik, diesem Urelement aller Poesie? Verteufelt Wenige! Und diese Wenigen müssen mit der Diogeneslaterne gesucht werden, sie hausen abseits von der großen Straße, abseits der ausgetretenen Bahnen, der „Dutzendmenschen"!

III.

Auf Anerkennung hoffe, wenn Du tot bist! Unsterblichkeit, Nachruhm, Anerkennung sind lauter schöne Dinge, aber der Lebende mag zappeln! Wie kann er mehr sich dünken wollen, als die Heerde?!!!

Requiem.

Einer großen Narrenbude
Glich noch jüngst die junge Dichtung:
Gentleman — Zigeuner — Lude
Hieß die Trias „neuster Richtung".

Exludien.

I.

Man gebe sich darüber keiner Täuschung hin: die große Menge hat sich nie, zu keiner Zeit an anderen, wie an „rohstofflichen" d. h. den sinnlichen Elementen, welche jedes Kunstwerk enthält, ergötzt. Den in ihre tausend kleinlichen Daseinsinteressen verstrickten Alltagsmenschenkindern, wie sollte ihnen das tiefere Verständnis erhabenen Dichterwortes, die herrliche contrapunktische Schönheit eines polyphonen Meisterwerkes, die göttliche Offenbarung eines Genius, anders als eben rein rohstofflich aufgehen?!

II.

Wer kann heutzutage noch den Künstler vom Dilettanten, den Dichter vom Stümper unterscheiden?! Wer versteht wirklich ernsthaft etwas von der Lyrik, diesem Urelement aller Poesie? Verteufelt Wenige! Und diese Wenigen müssen mit der Diogeneslaterne gesucht werden, sie hausen abseits von der großen Straße, abseits der ausgetretenen Bahnen, der „Dutzendmenschen"!

III.

Auf Anerkennung hoffe, wenn Du tot bist! Unsterblichkeit, Nachruhm, Anerkennung sind lauter schöne Dinge, aber der Lebende mag zappeln! Wie kann er mehr sich dünken wollen, als die Heerde?!!!

Requiem.

Einer großen Narrenbude
Glich noch jüngst die junge Dichtung:
Gentleman — Zigeuner — Lude
Hieß die Trias „neuster Richtung".

Schimpften wie der Botokude —
Strupp'ger Urwald ohne Lichtung! —
Und von Zola'schem Absude
Tranken sie bis zur Vernichtung!

Als der Ersten kam da Einer —
War ein Löw' nach seinen Pranken —
Mutig brüllte er wie keiner
In die Welt der Sturmgedanken!

„Revoluzio" war sein Thema —
Und er prügelte die Alten
Nach dem neu'sten Kritikschema,
Mit Fäusten, die wild sich ballten!

Pumpus von Perusia war
Heil'ger dann — verehrt wie Keiner! —
Ohne ihn 'ne Null nur war
Jeder — nur ein Schuster, Schreiner!

Und sie hackten frech auf's Schöne —
Denn schön sei ja nur das Wahre! —
Schrieben: Pfeift uns neue Töne —
Und zerrauften sich die Haare!

Ihre hagren Pegasusse
Trotteten im Großstadtpfuhle
Und in ekkem Dirnenkusse.
Fanden sie die beste Schule.

Viel „moderne Charaktere"
Zeigten ihre Prachtgewande
Mancher schrie: „Ich hab' die Ehre", —
Trug die Blöße nakter Schande!

Schotengrüne Sekundaner
Lispelten von „Mai und Minne":
„Nur ein Spiel noch für J—aner
Frei das Jauche-Spülicht rinne!" ...

Und so trieben sie es Alle!
Jeder dünkte sich ein König,
Hielt selbst in dem besten Falle
Von dem Anderen sehr wenig! — —

In dem großen Lästerchore
Wilder Zukunftsymphonieen
Der Romantik Matadore
Pfiffen letzte Melodieen . . .

Doch fern blieb der neue Göthe,
Der Messias oft verkündet —
Blutig sich der Himmel rötet,
D'ran die letzte Sonne schwindet! . . .

Ende des Buches.

Schimpften wie der Botokude —
Strupp'ger Urwald ohne Lichtung! —
Und von Zola'schem Absude
Tranken sie bis zur Vernichtung!

Als der Ersten kam da Einer —
War ein Löw' nach seinen Pranken —
Mutig brüllte er wie keiner
In die Welt der Sturmgedanken!

„Revoluzio" war sein Thema —
Und er prügelte die Alten
Nach dem neu'sten Kritikschema,
Mit Fäusten, die wild sich ballten!

Pumpus von Perusia war
Heil'ger dann — verehrt wie Keiner! —
Ohne ihn 'ne Null nur war
Jeder — nur ein Schuster, Schreiner!

Und sie hackten frech auf's Schöne —
Denn schön sei ja nur das Wahre! —
Schrieben: Pfeift uns neue Töne —
Und zerrauften sich die Haare!

Ihre hagren Pegasusse
Trotteten im Großstadtpfuhle
Und in ekkem Dirnenkusse.
Fanden sie die beste Schule.

Viel „moderne Charaktere"
Zeigten ihre Prachtgewande
Mancher schrie: „Ich hab' die Ehre", —
Trug die Blöße nakter Schande!

Schotengrüne Sekundaner
Lispelten von „Mai und Minne":
„Nur ein Spiel noch für J—aner
Frei das Jauche-Spülicht rinne!" ...

Und so trieben sie es Alle!
Jeder dünkte sich ein König,
Hielt selbst in dem besten Falle
Von dem Anderen sehr wenig! — —

In dem großen Lästerchore
Wilder Zukunftsymphonieen
Der Romantik Matadore
Pfiffen letzte Melodieen . . .

Doch fern blieb der neue Göthe,
Der Messias oft verkündet —
Blutig sich der Himmel rötet,
D'ran die letzte Sonne schwindet! . . .

Ende des Buches.

Einige frühere Werke des Autors.

Aus tiefster Seele (Berlin=Ramlah).
Lieder des Leides (ebda).
Gedichte (ebda).
Kopenhagen — Elsa — Fauststimmungen (Dresden=Pierson).
Phantasus (ebda).
Lebensphasen (ebda).
Durchs Kaleidoscop (ebda).
Liebfrauenmilch (ebda).
Aus dem Großstadtbrodem (Zürich=Schabelitz).
Drei Weiber (ebda).
Reinhold Lenz, aus dem Nachlaß (Berlin=Rauck).
Verschollene Dichter (ebda).
NB. Das Werk, Violen der Nacht ist das Opus 24 des Autors.

Knoll & Wölpling, Berlin N., Brunnen=Straße 155.

Einige frühere Werke des Autors.

Aus tiefster Seele (Berlin-Kamlah).
Lieder des Leides (ebda).
Gedichte (ebda).
Kopenhagen — Elfa — Fauststimmungen (Dresden-Pierson).
Phantasus (ebda).
Lebensphasen (ebda).
Durchs Kaleidoscop (ebda).
Liebfrauenmilch (ebda).
Aus dem Großstadtbrodem (Zürich-Schabelitz).
Drei Weiber (ebda).
Reinhold Lenz, aus dem Nachlaß (Berlin-Rauck).
Verschollene Dichter (ebda).
NB. Das Werk, Violen der Nacht ist das Opus 24 des Autors.

Knoll & Wölpling, Berlin N., Brunnen-Straße 155.

Einige frühere Werke des Autors.

Aus tiefster Seele (Berlin-Kamlah).
Lieder des Leides (ebba).
Gedichte (ebba).
Kopenhagen — Elsa — Fauststimmungen (Dresden-Pierson).
Phantasus (ebba).
Lebensphasen (ebba).
Durchs Kaleidoscop (ebba).
Liebfrauenmilch (ebba).
Aus dem Großstadtbrodem (Zürich-Schabelitz).
Drei Weiber (ebba).
Reinhold Lenz, aus dem Nachlaß (Berlin-Rauck).
Verschollene Dichter (ebba).
NB. Das Werk, Violen der Nacht ist das Opus 24 des Autors.

Knoll & Wölpling, Berlin N., Brunnen-Straße 155.